从小培养自主学习的孩子

——孩子自主学习的秘密和习惯养成

邢天 著

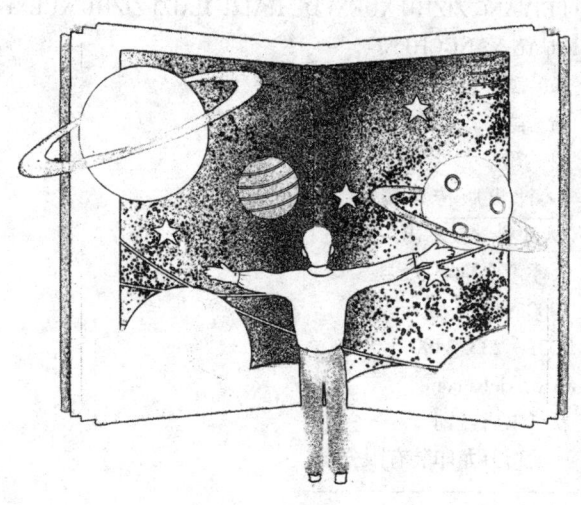

天津出版传媒集团
天津科学技术出版社

图书在版编目（CIP）数据

从小培养自主学习的孩子：孩子自主学习的秘密和习惯养成 / 邢天著 . -- 天津：天津科学技术出版社，2021.9（2022.1 重印）
　ISBN 978-7-5576-9681-8

　Ⅰ. ①从… Ⅱ. ①邢… Ⅲ. ①学习方法 – 家庭教育 Ⅳ. ① G791 ② G78

中国版本图书馆 CIP 数据核字 (2021) 第 182851 号

从小培养自主学习的孩子：孩子自主学习的秘密和习惯养成
CONGXIAO PEIYANG ZIZHU XUEXI DE HAIZI HAIZI ZIZHU XUEXI DE MIMI HE XIGUAN YANGCHENG

策 划 人：	杨 譞
责任编辑：	杨 譞
责任印制：	兰 毅
出　　版：	天津出版传媒集团 天津科学技术出版社
地　　址：	天津市西康路 35 号
邮　　编：	300051
电　　话：	（022）23332490
网　　址：	www.tjkjcbs.com.cn
发　　行：	新华书店经销
印　　刷：	三河市万龙印装有限公司

开本 880×1 230　1/32　印张 7　字数 180 000
2022 年 1 月第 1 版第 2 次印刷
定价：38.00 元

前言
PREFACE

一上学就头疼,一出去玩就精神百倍;
刚回到家,就匆匆忙忙打开电视看个不停;
作业没写几行,要么喝水吃东西,要么去厕所;
七点就开始写,到了十点半连一半都写不完;
非常马虎,考试不是忘了小数点,就是写错了数字;
……

家长都期望孩子能够主动自觉地学习,而孩子却很难做到,于是便出现了如上列举的种种让家长头疼不已的学习问题。学习是孩子最重要的任务,学习成果的好坏又直接影响到未来的发展,这就意味着要成为"优等生",孩子必须具备自主学习的能力。只有具备了自主学习的能力,才能保持较高的投入度和积极性,才能学有所得、学有所长、学有所成。

其实，每个人从出生开始，都会产生学习的需求，这种求知欲源自个体生存和发展的需要。也就是说，每个孩子生下来，都是迫切需要学习各种技能和知识的。但为什么却有那么多孩子缺乏学习的自主性呢？这是因为随着身边诱惑的增多，要激发并且长期保持孩子对学习的兴趣，并不是一件容易的事。这需要一个不断实践和体验的过程，让他们去验证，去质疑，去获取成就感，然后再去验证，再去质疑……通过这样一个循环，学习的内驱力才能逐渐培养起来。当孩子具有了学习的原动力，就会变得爱学习、会学习、能学习，贪玩、不听讲、写作业拖拉等恼人的问题也会迎刃而解。

本书以培养孩子学习的内驱力为主题，告诉家长如何唤醒、保护、激发孩子学习的内在动力。全书紧扣少年儿童的学习生活，分别从认识自我、开发大脑、锻炼意志、心理调节、健全个性、寻找方法、培养习惯等方面来阐述孩子缺乏自主学习力的原因，帮助家长拓展教育思路，找到培养孩子自主学习力的方法与策略。

逼孩子学，不如唤醒他的自主学习力。但这并不是一件容易的事，它需要家长懂孩子，懂教育，不急于求成，愿意投入时间和精力等。青少年阶段正是需要家长给予更多关爱和耐心的时期，孩子是否具备自主学习力也是检验家庭教育的一项标准，希望家长们能通过这本书，解决陪伴孩子学习时碰到的困难，缓解陪伴孩子学习的压力，让孩子不断看到自己的进步，从心底爱上学习。

目录
CONTENTS

第一章
自主学习从认识自我开始

摆脱"乡村维纳斯效应" ………………………………002
自主学习从积极举手回答问题开始 ……………005
将表现欲转化为学习动力 ………………………008
正确应对和疏导孩子的逆反心理 ……………011
让孩子不再为父母而学习 ………………………017
让孩子甩掉自卑的包袱 …………………………021
树立自信，防止心理防卫过度 ………………023
让孩子自主检查作业 ……………………………028
丢掉虚荣，正确看待考试分数 ………………031
善用积极的心理暗示 ……………………………036
批评孩子要讲究策略 ……………………………039
让孩子敢于应考且善于应考 …………………042

第二章
好成绩从开发大脑开始

让大脑保持平稳运转,克服思维惰性 048

突破思维定式,学会脑筋急转弯 051

锻炼大脑,防止"卡壳效应" 053

锻炼想象力,让作文不再空洞 057

提升孩子的记忆力 060

巧记英语单词 062

谨防考场"记忆堵塞" 066

不妨让孩子当个"十万个为什么" 068

第三章
到达学习巅峰要有意志做伴

培养孩子的果敢品质 072

让孩子"远游戏,亲学习" 076

学习承受挫折和打击 079

让好学生"输得起" 082

帮助孩子克服惰性 086

让孩子改掉"三分钟热度" 089

第四章
自主学习要先调整好心情

克制怒火才能更好地学习..094
以平和心情面对重要考试..097
紧张度适中才能在考试中正常发挥......................................100
纠正各种课堂不良习惯..103
让羞怯的孩子建立自信..105
让孩子学会减压...108

第五章
学习好离不开健全的个性

消除孩子的厌学因素...112
消除嫉妒这个学习的"拦路虎"..115
平和自信地面对竞争...117
让孩子学会正视批评...120
帮助别人不会影响自己的学习..124
让孩子为别人释放心灵空间..127

第六章
良好的人际关系是自主学习的重要保障

放下执迷,解脱自己...132

扔掉抱怨，努力改变..................135

不对老师存有偏见..................138

让孩子从此不再被欺负..................140

"娇骄"二气须摒弃..................142

第七章
解决困扰孩子的心理问题

对强迫症倾向进行心理疏导..................146

戒除过分依赖心理..................149

和焦虑症说拜拜..................153

谨防孩子患上"厌学症"..................157

用自信之光冲散抑郁的阴霾..................161

防止出现考试焦虑症..................164

第八章
督促孩子改掉学习中的坏毛病、坏习惯

自主学习者必须具备高度专注力..................168

写作业拖拉是自主学习的大敌..................171

克服阅读障碍，为各种学习打好基础..................175

注重书写，克服书写障碍..................178

克服运动障碍，做爱运动、充满活力的孩子......182

附章一
世界上最伟大的教育法则

法则 1　南风效应：宽容比惩罚更有力量............186

法则 2　鱼缸法则：心灵的成长需要自由............187

法则 3　狼性法则：生活从好奇开始....................189

法则 4　延迟满足：从小培养孩子的耐心............191

法则 5　狐狸法则：让孩子独立自主地生活........192

法则 6　自然惩罚法则：让孩子自己承担过错....194

法则 7　自由感觉法则：自己品尝生活的滋味....196

法则 8　强化定律：好习惯在于不断强化............198

法则 9　真爱法则：教育的真谛是爱....................200

附章二
提高孩子学习能力的八项拓展训练

拓展训练 1：沙漠奇案..204

拓展训练 2：快速阅读..204

拓展训练 3：口诀记忆..206

拓展训练 4：我家在哪里..207

拓展训练 5：图画联想..208

拓展训练 6：集中注意力..209

拓展训练 7：你来比画我来猜 210

拓展训练 8：我的行动计划 211

第一章
自主学习从认识自我开始

"人贵有自知之明"。要想学习好，首先要认识自己。认识自己的缺点与优点，悦纳自己，从而完善自己。

摆脱"乡村维纳斯效应"

> 昔日的他在学校里是耀眼的"学习尖子",自从又一个他来了,他就成了"流星",光焰转瞬即逝。

△ **适宜孩子**
学习成绩曾经优秀的孩子。

△ **学习问题**
一直学习很好,就认为自己是最好的。一旦有了比自己强的人,心态调整不好导致学习成绩下降。

△ **经典案例**
婧婧学习成绩很优秀,老师、同学都对她刮目相看,一时成为人们交口称赞的学习"尖子"。于是,她也渐渐自鸣得意起来,俨然一副鹤立鸡群的姿态。后来,班上转来了一位外地同学,成绩比她还优秀。此后,婧婧就渐渐地不显眼了。现在,她的学习成绩至多也就是中等偏上一些,同学们背地里都戏称她为"流星"。

您的孩子是不是也曾遇到过这种情况?是什么原因让他的学习一落千丈,又怎么才能让他回到从前呢?

△心理咨询

英国心理学家德波诺提出了一个"乡村维纳斯效应"说。意思是说，在偏僻的乡村，村里最漂亮的姑娘会被村民当作世界上最美的人（维纳斯），在看到更漂亮的姑娘之前，村里的人谁也无法想象还有比她更美的人。"乡村维纳斯效应"的产生在于不能客观、正确地认识自己和他人。

学习"明星"的成绩一落千丈就是因为受"乡村维纳斯效应"的影响，过度自满，一旦遇到强中手心态没有调整好，从而失去了学习兴趣和学习动力，导致成绩下跌。

在孩子的日常学习中，"乡村维纳斯效应"还可能造成另一种情况，即因盲目崇拜他人而忽视自我发现、自我发展。比如在孩子的眼中，老师的"标准答案"是最权威、最正确、最完美的，甚至是"神圣不可侵犯"的。这除了出于对老师的绝对信任、真心崇拜以外，恐怕"乡村维纳斯效应"也在其中起了推波助澜的作用。其实，孩子有时比老师想得还要好，答得还要巧妙，只不过"信任""服从"的惯性使孩子并不以为自己还能有更为高明的见解，或者干脆不再思考更完美的答案，即使自己的答案的确不同凡响，他也只会选择放弃。因此，孩子在学习中虽然需要谦虚谨慎，但也不能盲目地崇拜"权威""尖子"，否则，即使孩子潜力巨大，也难以得到发挥和发展，这是"乡村维纳斯效应"告诉我们的又一个道理。

△指导计划

家长如何消除孩子的这种自满心理呢？第一，不要一味表扬孩子。一直表扬，会让孩子认为别人只能表扬他，一旦家长不赞美孩子的时候，他就会感到家长不喜欢他了，从而赌气、生气。而且当一个孩子在家里习惯了不停地被表扬，到了学校，老师、同学不像爸爸妈妈那样地表扬他，他就有可能不喜欢老师，也不喜欢同学。

第二，在孩子感受成功的时候，应该适当让孩子做一些不容易做好的事情，消除孩子的自满情绪。但在孩子失败时，我们也不能袖手旁观，应该给他们更多的关怀，让他们从跌倒的地方爬起来，去寻找让自己跌倒的那块"绊脚石"，想办法把它给移走，铺平自己前进的道路。

△亲子互动

消除自满

简述：每个参与的孩子在无任何"威胁"的情况下，写出其他人的缺点，相互反馈自己在成员眼中的缺点。

参与人：自家孩子、邻居家的孩子、同事的孩子

场地：家中客厅

道具："缺点"表格，每人一支铅笔。

游戏规则和程序：

1. 告诉所有参与的孩子，他们将有机会对团队里的每一个人

的缺点进行反馈，也就是说，他们有机会写出不喜欢某人的哪一方面。这是一项保密的活动，没有人被告知是谁写的他的缺点。

2. 给每个孩子一张"缺点纸片"并告诉他们每人为其他人至少写出两条缺点。

3. 写完后，家长汇总意见，念出写给每个孩子的意见。

游戏点评：

此游戏特别适用于同事、邻居互相了解的孩子之间。

通过这个游戏，可以让孩子明白自己也存在许多不及别人的地方，可以帮助孩子消除自满情绪，沉下心来，不再居高临下地看人。

自主学习从积极举手回答问题开始

> 有的人说："幸福与年龄成反比，创造力与年龄成反比。"在课堂上举手回答问题与孩子的年龄也成反比。

△ 适宜孩子

上课不积极举手回答问题的孩子。

△ 学习问题

上课回答问题不主动，总是被动地被提问，表现不积极。

△ 经典案例

赵老师是某重点中学的语文老师，因为教学成绩优秀，年年被评为优秀教师。今年她带初三。开学没多久,赵老师就发现了一个问题,上课提问时举手回答问题的同学寥寥无几,有好几次竟然没有人举手。赵老师很纳闷,自己提出的问题也不难啊,这些孩子怎么了,为什么不举手呢?向其他科目的老师询问,也反映有这样的问题。

△心理咨询

现在中小学课堂里似乎存在着这样一种"规律":小学生抢着举手,初中生看着举手,高中生没人举手。难道是孩子年龄越大胆子越小吗?

答案是否定的。实际上这是随着儿童自我意识的发展而出现的一种现象。

小学时期是人自我意识的朦胧期;从少年时期开始,自我意识便进入了发展期。所谓自我意识,顾名思义,就是人对于自我的认识。自我意识进入发展期的青少年,其成人感、自尊心、独立性、自制力等,比以往有了很大的提高,其评价能力(包括评价他人和评价自己的能力)也在不断增强。这些心理机能的成长和发展,使得中学生的精神世界越来越丰富,也越来越复杂。这种急剧的心理变化,导致了中学生行为举止的重大变化。中学生的许多行为举止,都烙上了"思考过"的印记。第一个举手,别人会不会说自己好表现,爱出风头?万一答错,会丢面子,被人笑话;举手多了,别人会不会说自己拍老师的马屁?由于这些念头在心灵深处悄悄作怪,因此,孩子不会再像小学生那样爽快、积极地举手了,特别是到了初三以后,更是如此。

此外,课堂氛围也会对此产生影响,诸如师生关系、同学关系、班级特有的集体舆论和心理习惯等,都会对举手发言产生一定的影响。

△指导计划

明明知道答案而不举手回答问题,这一习惯对孩子来说是有害无利的,由于上课不举手回答问题,可能会导致思维惰性,影响听课效果。

老师和家长要对孩子进行有针对性的指导,营造良好的课堂氛围,调动孩子的学习积极性,使其乐于思考和回答问题。

△亲子互动

认识真实的我

我们能从镜子里看到自己的身材、打扮和表情,但还有很多东西是从镜子里看不到却能感觉到的,比如我们的性格、能力、脾气以及优缺点等。所以,怎样才能让孩子看清自己的内在,那就要"以人为镜"。

准备四张纸条,分别写下下列内容,然后发给孩子、孩子的老师及两个同学填写。

××的性格:＿＿＿＿＿＿＿＿＿＿＿＿＿＿＿＿＿＿

××的能力:＿＿＿＿＿＿＿＿＿＿＿＿＿＿＿＿＿＿

××的脾气:＿＿＿＿＿＿＿＿＿＿＿＿＿＿＿＿＿＿

××的优点：_____

××的缺点：_____

让孩子比较纸条上的内容。

通过这个活动，可以让孩子更加客观、准确地认识自己，不只看到自己眼中的自己，还能看到别人眼中的自己，从而提高自我认识，改正自己没有发现的缺点。

将表现欲转化为学习动力

> 爱表现是大多数孩子的共同特点，特别是儿童阶段，每个人几乎都是只小孔雀。

△适宜孩子

表现欲过分强烈的孩子。

△学习问题

看到、学到一点东西就夸夸其谈，学习不谦虚。

△经典案例

蓉蓉今年上小学四年级，在学校里看到什么、听到什么，或是课堂上发生什么有趣的事情，她回到家总喜欢第一时间告诉爸爸妈妈，想得到表扬或赞赏，受到父母的重视。但是事与愿违，蓉蓉的父母总是对她说的事情不感兴趣，还会说她："心思光用在这些鸡毛蒜皮的小事上,也不知道好好学习。"久而久之,蓉蓉也不再向父母报告这些了,回家后总是一言不发,常常一个人待在自己的小屋里。爸爸妈妈很着急,不知道蓉蓉这是怎么了。其实,正是他们扼杀了蓉蓉的表现欲,让她郁郁寡欢。

△ 心理咨询

看到新鲜事物或学到新的知识,孩子们往往会迫不及待地让父母知道,以获得表扬和赞赏。专家认为,父母应根据孩子的个性特点对其进行适宜的训练和培养,让孩子在不断的自我表现中发展并完善自己。

据心理学家介绍,表现欲是因儿童自我意识的萌发而产生的,且随着自我意识的增强而发展,是一种情感反应,儿童越高兴,表现欲就越强烈。与成人相比,儿童更具有爱表现自己的心理特征。

心理学研究表明,儿童的表现欲个体差异很大,主要受性格影响。性格外向的儿童胆子大、爱表现,性格内向的孩子胆怯、不善表现。

表现欲是一种积极的心理品质,要适当保护。当孩子有这种心理需要时,就应适当地满足,并教会孩子懂得社会规范及人际交往规则,即什么时候可以表现,什么时候不能表现,为今后适应社会奠定基础。

△ 指导计划

如何对待孩子的表现欲呢?

1. 用爱心去保护孩子良好的表现欲

保护孩子良好的表现欲，就是保护孩子们的自尊心和自信心。所以，当孩子们的表现欲以某种方式反映出来，家长和教师要给予理解、关怀和适当的鼓励，即使不能使孩子们的表现欲付诸行动，也要表示赞赏、支持，然后给予解释，绝不能对孩子们的表现欲置之不理、视而不见。

2. 用耐心去校正孩子们不良的表现欲

有的孩子天生精力旺盛，时常以大喊大叫来吸引别人的注意力。对待这种孩子，不仅要有爱心、耐心，还要有恒心。

3. 精心培养孩子们健康的表现欲

正因为有了表现欲，许多事情人们才会主动去完成、去实现，才有了世界的发展和人类的进步。孩子们是未来、是希望，只有悉心引导孩子们的表现欲，才能让他们以后在各行各业中大显身手。

△亲子互动

孩子的自我表现欲有多强

想知道你孩子的自我表现欲有多强吗？让他做个测试就知道了。

假设一个好朋友的生日就要到了，他平时非常喜欢画画，你想送他一个画框，你会选择什么样的设计风格呢？

A. 木制画框

B. 洛可可风格的画框

C. 陶瓷画框

D. 古董画框

E. 著名设计师设计的画框

测试结果：

A. 你的孩子不喜欢过度耀眼，总是躲避在人群后面

B. 你的孩子喜欢积极表现自己，个性开朗很容易交朋友

C. 柔软又和善的态度，其实隐藏着孩子自我的表现欲

D. 孩子对于自我的表现方式很有一套

E. 孩子表现自己是生存的意义，但是其实他自己并不是有心的，因为他有这样的习惯

正确应对和疏导孩子的逆反心理

> 叫他往东，他偏往西；让他做的事他不做，不让做的事非要做。这是因为孩子进入了心理断乳期，出现了逆反心理。

△适宜孩子

逆反的孩子。

△学习问题

因对家长、老师安排不满产生逆反而成绩不好。

△ 经典案例

小勇是名初中二年级的学生，在学校，总是喜欢和老师、同学对着干。说话时喜欢抬杠，总是说出与别人相反的观点，老师要他做那，他偏要做这，以此来表示自己有能耐。有时候，老师表扬某位同学的成绩好，他偏偏说那位同学有这问题、那问题。某位学生评上了优秀团员，他总是对别人产生怀疑和否定。但如果哪位学生受到批评和处分，他反而为其鸣不平，对学校的思想教育和校规校纪教育，他总是采取消极抵制的态度。

在家里，小勇也不服父母的管教，虽然他知道爸爸妈妈对他好、爱他，可他总说："爸、妈，我都这么大了，遇事我有自己的主见，你们不要干涉我行不行？"小勇总是认为爸爸妈妈仍然把他当小孩来看，而他却希望摆脱爸爸妈妈的监护，要求别人把自己当成人来看，以显示自己的独立、有主见。

△ 心理咨询

小勇对老师、家长的这种特殊情感态度，被称为"逆反心理"，也叫"逆向心理"。从心理学角度说，所谓"逆反心理"是指客体与主体需要不相符合时产生的具有强烈抵触情绪的心理态度，也就是说，人们为了维护自己的自尊，对对方的要求采取相反的态度和言行的一种心理状态。

孩子的逆反心理的表现是多种多样的。如对教育者明显的"反控制""对抗"的心理，即你要求我这样，我偏不这样。而这种情形，最容易引起老师、父母的恼火。而老师、父母越是恼火，对其越加训斥，会导致其更加反感，直接影响到与父母、老师之间的正常关系，以至于孩子逃学、离家出走，甚至走上犯罪的道路。

父母的教育方法不当，是孩子产生逆反心理的主要原因。比如有的父母不尊重孩子的人格，随意对孩子进行讽刺、挖苦、辱骂，甚至殴打，伤害了孩子的自尊心，从而使孩子对父母产生对抗情绪；有的父母对孩子的期望值过高、要求过严，当孩子不能达到父母的要求时，父母就大发雷霆，甚至打骂孩子；还有一些父母由于缺乏心理学知识，不按照孩子心理发展规律施教，遇事婆婆妈妈、唠唠叨叨，说话过头，爱摆长辈的架子等，都会导致孩子逆反心理的产生。

▲指导计划

对于孩子的逆反心理，家长该怎么办呢？

1. 不要进一步激化矛盾，减少或暂时不对孩子的行为加以干预，但绝对禁止再用说教式、命令式的口气与孩子说话。

2. 要多与孩子进行情感沟通，亲情是最好的教育手段，与孩子感情好了，慢慢再给孩子讲清父母给他压力的初衷，以逐步取得他的理解。

3. 有意识地给孩子一些独立处理问题和解决问题的机会，并对孩子的做法给予积极评价。这样既增强了孩子的自信心，又从侧面使孩子体会到受人尊重的感觉，从而树立自尊。

4. 最主要的是不要再给孩子定什么发展的条条框框了，家长可以在给孩子一定选择权的基础上，与孩子沟通、协商应如何发展才会更好，而不是强迫孩子接受父母的想法。

5. 另外，不妨利用一下孩子的逆反心理，他不是父母让他干什么就不干什么吗？试试让他不干你们想让他干的事情！当然，这要掌握好度，千万别弄巧成拙。

总之，对孩子的逆反心理，做家长的只有通过亲切的心理交流和正确疏导，才能有效矫正。

△亲子互动

孩子逆反心理测试

想知道你的孩子的逆反心理有多重吗？让孩子做一下下面的测试就知道了。

1. 你不喜欢按照别人说的去做吗？

2. 你是否认为绝大多数规章制度都是不合理的，应该废除？

3. 如果父母再次叮嘱你同一件事，你就感到厌烦吗？

4. 你欣赏与老师对着干的同学吗？

5. 你经常考虑事情的反面吗？

6. 你是否对班干部指手画脚很讨厌，而故意不按他的要求去做？

7. 老师和父母越是要你用功学习，你越是不想学吗？

8. 你认为老师的话很多都是有漏洞、有问题的吗？

9. 你喜欢与众不同吗？

10. 违反学校里的某些规定使你感到一种快乐吗？

11. 别人的批评常常引起你的反感和愤怒吗？

12. 你是否认为老师有很多缺点和错误？

13. 对别人不敢干的事你特别想尝试一下吗？

14. 你喜欢搞一些使被捉弄者痛苦或愤怒的恶作剧吗？

15. 你是否觉得父母和老师不应为一些小事大惊小怪、小题大做？

16. 你蔑视权威吗？

17. 对批评你的人，你都感到讨厌和恼恨吗？

18. 你是否认为冒险是一种极大的快乐？

19. 你习惯上总是按照大多数人说的去做吗？

20. 对你感到没有意思的事，别人怎么说你也不会好好去干吗？

21. 你特别爱做令人大吃一惊的事吗？

22. 人们对你很不重视吗？

23. 一旦决定了干一件事，不管别人指出这件事多么的成问题，你也不会改变主意吗？

24. 你总是对老师表扬的同学感到反感，不想理那个同学吗？

25. 你喜欢干一些能引起很多同学注意的事吗？

26. 当你被别人说得火冒三丈时，你就会偏不照他说的去做吗？

27. 你讨厌那些当班干部的同学吗？

28. 你认为上课时出现一些老师没有意料到的情况令人开

心吗?

29. 对伤了你自尊心的人,你是否会给他添一些麻烦,让他感到你是不好惹的?

30. 越是禁止的东西,你越想设法得到吗?

评分分析:

除第19题答"是"记0分,答"否"记1分外,其余各题答"是"记1分,答"否"记0分。将各题得分相加,统计总分。

总分在0~9分之间的孩子逆反心理很弱。只干并且只喜欢干该干的,不去干不该干的。

总分在10~20分之间的孩子存在一定的否定倾向。激动时可能丧失理智、意气用事,有时会做一些不该做的傻事。

总分在21~30分之间的孩子有相当严重的逆反心理。所想的和所做的总是与众不同,与习俗和规定不符。如果不清醒地意识到这一问题,并不努力加以克服,则只能是一个不受大家欢迎的独行者。

让孩子不再为父母而学习

> 学习本是自己的事,孩子却觉得是为父母而学。写作业是给父母写的,考试是给父母考的……这些让家长苦恼不已。

△**适宜孩子**

不自觉学习的孩子。

△**学习问题**

学习不自觉,上课不认真听讲,做作业时不专心而导致学习成绩不理想。

△**经典案例**

冰冰今年上五年级,聪明伶俐,但是,就是学习极其不自觉。上课听讲不认真,玩心太重,不知道抓紧时间。家长说服教育甚至外加打骂,好像根本不管用。他好像总是需要别人看着他才能好一些,遇到稍微难一点的题,就想问别人,等着别人给他讲,自己不动脑子思考。在他看来,学习是给老师和家长学的,所以学习的自觉性极其不高。

△**心理咨询**

心理学家研究发现,有30%的孩子到了学龄时仍然不会自觉地去学习,总是要家长不断地督促,上课注意力不集中,爱做小动作，写作业边写边玩等。学习自觉性差并非智力因素造成，而在于缺乏良好的学习习惯，而这正是家长对其从小疏于管教造成的。家长此时以粗暴的态度强迫孩子学习，不能达到理想效果，让孩子明确学习的责任、培养学习兴趣才是关键。学习自觉性问题并不是一上学自然就好了，需要家长、老师和孩子本人共同努力来解决。

⊿指导计划

学习是一个主动探索的过程，要想让孩子学习好，首先需要做的就是对他学习自觉性的培养。如果孩子从根本上缺乏学习自觉性，那么具体学习方法再好，也无济于事。

学习的自觉性并不是与生俱来的，而是逐渐培养的。

家长可以从以下途径去培养孩子的学习自觉性：

1. 让孩子明确学习的责任

无论做什么事，都需要有点责任心。学习也是这样，一个人要想获得较高的学习效率，就必须有一点学习责任心。也就是说，要明白你为谁而学，对谁负责。

2. 培养学习兴趣

学习应该是一件愉快的事，只有从学习中获得快乐，才能长期自觉地学习。因此，一定要努力培养孩子的学习兴趣。关键是让孩子战胜自我、投入进去、坚持到底、争取成功。

3. 适度的压力

学习自觉性的培养，还需要适度的外来压力。特别是小学生、中学生，由于年龄关系，许多事情的利害关系尚不知晓，还不太懂得学习的意义。他们一般对各种有趣的游戏更感兴趣，而不愿意在课本知识上多下功夫。这时，就需要老师和家长对孩子施加适当的压力，而不能听凭孩子完全自由行事。

4. 成绩反馈

美国心理学家斯金纳等人曾提出一个强化理论，认为一种行为一旦得到肯定，就会使它得到强化，并使今后重复该行为的可能性增强。用这一理论来指导学习自觉性的培养，就是要注意经常的成绩反馈。每隔一段时间，就要对学习的成果进行总结，使孩子看到自己努力学习的成果，并充分享受学习进步的乐趣，从而使学习的自觉性进一步提高。

△亲子互动

培养孩子自我管理的好习惯

训练1：让孩子自己洗衣叠被

自我管理的意识需从小开始培养。让孩子逐步培养冷了添衣、热了脱衣的意识，坚持自己叠被子，自己洗衣服、手绢、袜子等，要有自己的事情自己做的观念。

训练2：让孩子自己整理物品

在自我管理中，物品的收拾整理是非常重要的一环。

（1）让孩子为自己的物品准备一个专门的放置地方，知道这些东西各有各的"家"，每次用完都要送回"家"去。

（2）要让孩子意识到收拾物品是自己的事，父母只是帮忙而已。

（3）家长要尽可能地用游戏的方式吸引孩子参与收拾、整理物品，并坚持不懈地不断强化，最后形成习惯。

训练3：自己安排和自己负责

（1）每次出门，可以让孩子想想要带什么东西，有没有遗漏的。

（2）试着让孩子安排一下今天全家到哪里玩，准备做些什么，并分析这样做的好处和可能性。

（3）当孩子忘记带东西或把带出去的东西忘在外面时，要让孩子克制自己发脾气，意识到自己想做的事自己应该安排好，并且学着负责到底。

总有一天孩子是要自立于社会、自立于人生的。如果能从小培养他们良好的自我管理习惯，就能增强行动的独立性、目的性和计划性，这对于今后的幸福和成功无疑是有巨大帮助的。

让孩子甩掉自卑的包袱

> 学习是每个孩子必须做的,但许多孩子却总是茫然无措,浑浑噩噩,得过且过,因此,学校里多了许多"撞钟和尚"。

△适宜孩子
得过且过的孩子。

△学习问题
认为自己一无是处,对未来充满迷茫,学习中没有动力,导致成绩不好。

△经典案例
小军是高三学生,平时成绩不好,临近高考,他的心情很糟,一想到前途,他就更加沮丧。总想自己考不上大学,能力也不行,去做什么工作也没人要,从而感觉自己处处不如人,上学等于白上。

△心理咨询
许多成绩不好的孩子觉得处处不如别人,他们对自己的未来看不到希望。其实,这正是"自卑"惹的祸。

自卑感是青春期容易产生的一种心理障碍,它产生的原因是复杂的,带来的危害是很大的。自卑的孩子会感觉处处不如别人,久而久之形成恶性循环，对自己的学习也就没了信心。

△指导计划

家长可以试试通过以下对策帮助孩子从自卑的阴影中走出来。

对策一：多赞扬，少批评、指责。孩子其实是很脆弱的，这颗脆弱的心承载太多的来自家长的负面语言，将会破裂成无数的自卑因素，刺伤自己。谁也不喜欢总是受家长的数落、指责。

对策二：放低标准，给孩子减压。家长不要总盯住分数不放，要重过程不重结果。因为孩子的发展潜力还很大，一时的退步不等于以后不进步，也许孩子的起跑点比较低。所以，家长要从长计议，不要把目光锁定在眼前，只要孩子尽力了，就要理解和宽容他。

对策三：放手，给孩子锻炼的机会。儿童的自卑与动手能力、交际能力差很有关系。家长不要从小事事包办，不要一切都替孩子做好。

△亲子互动

甩掉自卑

按照下面的顺序，认真完成每一项。

训练1：让孩子花点时间在头脑中搜寻最有趣的回忆，把平时最吸引他的事记录下来，告诉他当他的伤心事浮上大脑的时候，立即转移到让他高兴的事上来，并把他所想的按下面格式填写。

我最甜美的回忆：_____

我最喜欢做的事：＿＿＿＿＿＿＿＿＿＿＿＿＿＿＿＿

训练2：让他记下对自己最不满意的地方，让他想清楚自己自卑的源头是什么。

思考5分钟，然后记下来：＿＿＿＿＿＿＿＿＿＿＿＿＿＿

告诉孩子从现在开始下定决心改变现状，并让他记住，一定要自源头改变。

这次训练可以有效地让孩子找到自卑的原因，增强自信心。最后再为孩子奉上一句"谁都无法阻挡我走向成功"，让孩子每天都这样对自己说，自信心就会建立起来。

树立自信，防止心理防卫过度

"比我强者必杀之"。这种小人的心理在求学的孩子身上也会有所显现，喜欢为比他学习好的同学设置障碍，在学习中充当"小人"的角色。

△适宜孩子

自我防卫过度的孩子。

△学习问题

学习中不从自身找原因，而总嫉妒比自己学习好的同学，导致成绩落后。

◁ 经典案例

小 A 和小 B 住同一个小区、同一幢大楼、同一个单元，又是同班同学。小 A 虽然学习刻苦，但成绩总不那么理想；小 B 尽管顽皮好动，但脑瓜聪明，成绩优良。小 A 为了不让小 B 超过自己，经常给小 B 制造一些麻烦或障碍，于是，两人的关系越弄越僵，而小 A 的学习成绩也没有提升。

在日常学习中，你的孩子也遇到过小 A 和小 B 这种情况吗？为什么有些孩子总喜欢给别人设置障碍呢？

◁ 心理咨询

从心理学上看，这种在学习中给他人设置障碍的做法属于"心理防卫过度"。

心理学研究表明，凡是自我认识与本身的实际情况愈接近，一个人所表现的自我防卫行为就愈少，社会适应能力便愈强，反之亦然。

现在学习压力很大，很多孩子在努力之后仍不见成绩提升，当看到不努力的同学成绩反而好时，为达到心理平衡，他们往往采用过度的防卫手段，将对自身的不满投射到别人身上，把"我讨厌自己"转嫁成"别人讨厌我"。小 A 的情形基本上就属于此类。由于他不能正确地认识自我，于是消极地采取给小 B 设置障碍的办法以拖其后腿，以获得一种心理上的暂时安慰。其实，这就是自我防卫行为的反应。

自我防卫归根结底还是一种不自信的表现。对自己失望，就用阻挡别人进步的方式来获得自我安慰，对于有这种行为的孩子，家长最需要做的是让孩子消除悲观失望，树立自信心。

▱指导计划

如何帮孩子树立自信心呢？家长可以参考以下两条：

1. 少一些攀比，多一些鼓励

父母不要常对孩子说："你瞧，人家小明多聪明，总是考全班第一名，你怎么就这么笨。"如果常常拿别人的长处和自己孩子的短处比，只能使自己的孩子越比越自卑。尺有所短，寸有所长，只要孩子有自己的特点，他在不断地努力，他就是个值得自豪的孩子。而当孩子遇到挫折或失败时，父母更应该像知心朋友一样关心他、鼓励他，或和他共同战胜困难。

2. 少一些责骂，多一些宽容

如果孩子稍有失误或孩子的成绩不够理想时，父母不应指责他这也不行，那也不行。因为如果孩子在成长过程中总在父母的责骂中度过，就很难体验到成功的喜悦，久而久之，就会觉得自己什么也干不好，逐渐对自己的能力开始怀疑，形成一种自卑的自我评价系统。因此，允许孩子失误，这是每一个做父母的所应拥有的最起码的宽容。

▱亲子互动

让孩子换个想法

1. 观看心理剧《相信自己》

(1)家长为孩子表演一出小话剧

剧情:刘玉同学的成绩平平,长相平平,为此她少言寡语、闷闷不乐,觉得自己像一棵无人关注的小草。学期结束时,她看到老师给她的评语,其中有一句:"你是个善良、讨人喜欢的小女孩。"刘玉突然发现自己竟有这样的优点,再联想到那天老师还冲她微笑呢,于是刘玉感到自己成绩、长相虽一般,但是自己善良、有上进心,一种从未有过的自信在心中浮现。

(2)录音

请孩子说出自己内心的困惑,家长来帮助他,为他换个想法。然后再请孩子说说,通过家长的帮助,自己换成怎样的想法了。

家长把和孩子的讨论录下来,并将这段录音送给孩子,同时鼓励孩子:"希望你在感到困惑的时候、自卑失望的时候,把这段录音播放出来,听一听,你一定会从中受益的。"

2. 家庭讨论

(1)你曾经认为自己有什么不足。

(2)换个想法好吗。

(3)换个想法之后你的心情发生了怎样的改变。

3. 小纸条

(1)家长请孩子定期提醒自己,看是不是乐观的想法又溜了,悲观的想法又回来了。想想办法,改正缺点。

(2)请孩子拿出小纸条,把自己已经改变的想法写在小纸条上,然后把写好的小纸条粘在铅笔盒里,每天看一遍。

4.游戏:成绩报告单

请孩子在成绩报告单上填上姓名、班级、日期。在第一栏里填上符合各学科目前学习状况的分数,然后在第二栏里填上自己想得到的分数——你相信自己确实能够在这一门功课上达到的分数。把填好的成绩报告单装进事先准备好的信封里,写上自己的地址。最后,家长把这个信封收起来保存好。在学期结束时,把这张表还给孩子,请他在期末对照这个分数,看是否尽力了。

这个活动可以邀请更多的孩子参加,例如邻居的孩子、亲戚的孩子,这样,活动效果会更好。

附录:

成绩报告单

姓名		班级		日期	
学科		目前成绩		理想成绩	
语文					
数学					
外语					
音乐					
体育					
美术					

让孩子自主检查作业

> 刚考完试的教室里,很多孩子会忙着对答案,同时伴随着欢呼和沮丧。答案在很多孩子那就像圣旨,宣示着进退和成败。

△**适宜孩子**

不自信的孩子。

△**学习问题**

对自己不自信,做完作业后一定要和他人对答案或让父母检查,否则,心里就没底。

△**经典案例**

现在许多孩子都有这样一种习惯,平时做作业时或考试过后,相互之间都要对一下答案,否则就不放心。有时明明知道自己是对的,还要问别人。

每次写完家庭作业,总让家长检查,只有家长检查过了第二天才敢交,否则,第二天连交作业的勇气都没有,总感觉自己的作业都做错了。

△**心理咨询**

从积极的方面来看,"对答案"的行为可能说明两个问题:一是出于对学习获得反馈信息的心理需要,以便及时了解学习情形；二是对自己的学习负责任的表现，担心做错了会影响对知识的掌握，早一点知道错在哪里，以便及时调控学习行为，使错误早一点得到更正。

如果对答案是属于上述两种情况，则应该持肯定态度。

从消极方面来看，主要在于孩子的自信心不足。

自信是一个人非常重要的品质。学习生活中不能没有自信，否则就可能视学习为畏途，甚至完全丧失对学习的兴趣。

需要进一步提及的是，孩子在学习活动中倘若自信心不足，加上贪玩、懒惰、怕苦、畏难，往往会导致极端的消极表现——抄袭。一些同学对过答案以后，看到自己做得不对，不是去认真反思、主动更正，而是搞"拿来主义"，抄袭以后交差了事。

这是对学习不负责任、对自己不负责任的行为。带来的后果只能是学习成绩越来越差，对自己更没信心。

△指导计划

对于孩子做完作业一定要找人对答案或者让家长检查的情况，教育心理专家建议家长采用下面的方法来纠正孩子过分依赖他人，不相信自己的坏习惯。

第一步：在孩子做完作业让家长检查的时候，家长可以告诉孩子："你自己先仔细检查一遍，然后我再给你检查。"如果孩子自己检查之后完全正确的话，家长要适时地给予口头上的表扬等，这样会给孩子一种心理暗示：不依靠他人，我自己也能把题目做对。

第二步：在让孩子自己检查一段时间之后转换策略，只有他怀疑的题目家长才帮他检查，其余的让他自己检查。

经过一段时间的训练，孩子一定会养成自己检查作业的习惯，而且在家长的鼓励之下，他的自信心也会不断地被强化，最终会成为一个自信的人。

△亲子互动

镜子技巧

镜子技巧是由美国心理学家布里斯托总结而成的，这一训练方法简单、有效，可以使孩子增加自信心、强化激情。具体做法如下：

让孩子站在镜子前，看到身体的上半部分。笔直站立，脚后跟靠拢，收腹、挺胸、昂首，再做三四次深呼吸，直到对自己的能力和决心有了一种感受。然后让孩子凝视眼睛深处，告诉自己会得到所要的东西，大声说出它的名字。每天至少早晚做一次，还可以将孩子喜欢的口号、精彩的格言写在镜面上，只要它们确实代表孩子曾设想并希望实现的某些事情即可。

如果孩子要参加一门让他很头疼的考试，那么请运用镜子技巧，让他对自己充满信心。如果他要去比赛演讲，并对比赛感到害怕时，那么务必让他对着镜子练习一番，用拳头敲另一只手掌，或以其他自然洒脱的手势来使观众接受自己的观点。

当人在镜子前站好，反复对自己说你会获得巨大成功，世界上没有任何东西能够阻止你时，任何渗入潜意识的设想，都可能在生活中变为现实。

让孩子自信就要从潜意识下手。

丢掉虚荣，正确看待考试分数

> 考试的分数对于孩子就像银行卡里的数字对于大人。为了得到高分数，他们也会不择手段，比如会作弊，但作弊得到的分数终究是一场幻梦。

△**适宜孩子**

考试时喜欢作弊的孩子。

△**学习问题**

靠作弊获取高分而不是靠刻苦学习，存在严重侥幸心理。

△**经典案例**

花花学习成绩不好，考试时总爱作弊。为这事，老师找过花花家长好几次，花花爸妈也严厉地批评过她，可她就是改不了，还振振有词地说："不抄白不抄，别人都抄出了好成绩，我不抄不是亏了吗？"花花的爸妈听了，也是没有办法。

△**心理咨询**

应试心理学认为，孩子考试作弊的原因多有以下几个方面：

1.虚荣心过强。有的孩子平时不肯下功夫去学习,不努力,怕吃苦,但看到别的同学取得好成绩,又很艳羡。这种虚荣心理很可能致使孩子作弊。

2.侥幸心理所致。有的孩子看到别人作弊取得了好成绩,没有被老师发现,觉得自己不作弊有些吃亏。这种侥幸心理驱使孩子在考试时会偷看书本,或抄别的同学的考卷等。

3.为了获得物质奖励。许多家长都对孩子实行奖励机制,试图用物质奖励来调动孩子的学习积极性。这有可能将孩子的学习动机向不正确的方向引导,使孩子为了获得物质奖励而作弊。

4.担心自己考不出原有的好成绩。这种心理多发生在好学生身上。有些学生一直成绩很好,由于某些特殊的原因,他们很怕这次考不好,过重的学习压力使他们不得不采取作弊行为。

△指导计划

针对孩子的作弊行为,家长主要可从下列几个方面来引导孩子:

1.培养孩子诚实的品格。向孩子讲明作弊的危害性,知道考试作弊是一种自欺欺人的不良行为,即便偶尔瞒过了老师,但天长日久,迟早会露出马脚,最终会害了自己。

2.教育孩子正确看待分数。一些家长和老师把分数作为评价孩子、奖惩孩子的唯一标准,孩子分数高,家长、老师就给予赞扬和奖励,分数低,就批评、责骂孩子。如果因为孩子多考了几分就欢天喜地,少考了几分就唉声叹气,势必会将孩子引入分数误区。

3. 给孩子适度的奖励。把成绩和奖励挂钩，有时的确能收到良好的效果，但家长给孩子的奖励要适度，如果过分地以物质、金钱来刺激孩子，难免会将孩子的学习目的引入误区，使孩子为了物质奖励而学习。一旦成绩上不去，就会想到作弊。因为诱人的物质奖励是孩子难以抗拒的。

4. 家长在鼓励孩子时，可给孩子树立一个合适的奋斗目标，这样可以增强孩子学习的动力。但是，这个目标切不可太高，如果超出了孩子力所能及的范围，为了获得家长的称赞，或者为了不被打骂，孩子就很容易采取作弊行为来达到目标。

◁亲子互动

孩子的虚荣心有多强

考试作弊，孩子的虚荣心是很大的原因。想知道自己的孩子有多强的虚荣心吗？让孩子做以下的测试就知道了。

1. 上公车掉了十元，你会下车去捡回来。

   是→接第 5 题　　　　否→接第 2 题

2. 和父母在外面吃饭，总想去知名餐馆。

   是→接第 3 题　　　　否→接第 7 题

3. 买礼物送同学时，通常你不会挑实用性的，会挑好看的。

   是→接第 4 题　　　　否→接第 7 题

4. 不管是衣服还是小东西，你都爱挑名牌让父母买。

是→接第 8 题　　　　　否→接第 11 题

5. 笑的时候喜欢张大嘴笑。

是→接第 6 题　　　　　否→接第 7 题

6. 同学如果没有事先告知突然来找你,你会很生气。

是→接第 7 题　　　　　否→接第 9 题

7. 买不起的东西,死缠烂打都让父母买。

是→接第 4 题　　　　　否→接第 8 题

8. 每次都会买下路边推销文具人的文具,过后又后悔。

是→接第 11 题　　　　否→接第 9 题

9. 爱算命,但是不喜欢在算命的地方被家长或同学看到。

是→接第 11 题　　　　否→接第 13 题

10. 身上只带 20 元,有人向你借 50 元,你会说忘记带钱包出来,而不是钱不够。

是→接第 15 题　　　　否→接第 13 题

11. 参加同学聚会发现有人比你穿得好,你会很早就回家了。

是→接第 15 题　　　　否→接第 10 题

12. 对于第一次见面的人,你会很好奇地询问对方的学校和成绩。

是→接第 16 题　　　　否→接第 15 题

13. 和父母去旅游,一定要住五星级宾馆。

是→【B 型】　　　　　否→【A 型】

14. 非常羡慕电视剧上王子与公主的电话。

是→【C 型】　　　　否→【B 型】

15. 你很在意别人的眼光和评语。

是→接第 16 题　　　　否→接第 14 题

16. 买东西的时候，即使是小钱，你都会用大钞请人找钱给你。

是→【D 型】　　　　否→【C 型】

测试结果：

A 型：虚荣心强度 10%

不管周遭现在流行什么，孩子都不太在意。他甚至会觉得那些人一天到晚比来比去是一件很无聊的事情，他认为自己的心情最重要，没有必要去管别人怎么想。他相当有自信，似乎没什么能打动或干扰他的心情。

B 型：虚荣心强度 40%

他是一个虚荣心不怎么强的人。

C 型：虚荣心强度 70%

他除虚荣心强外，自尊心也很强，他是一个不愿意认输的孩子。他非常在意周围的人怎么看他，别人又如何如何，总是装着一副光鲜亮丽、很幸福快乐的样子，老是爱跟别人比。

D 型：虚荣心强度 90%

他非常爱慕虚荣，他的谈吐行为无一不清楚地展现出虚荣的气息。也许他自己并不自觉，但他常常为了夸耀自己而将自己捧得高高的，不惜说出一大堆的谎言来欺骗别人。

善用积极的心理暗示

> "说你行,你就行,不行也行",这句话在某种程度上包含了暗示的力量。善于给孩子一个积极的心理暗示,将对孩子的自主学习产生巨大作用。

△适宜孩子
学习成绩不好,不受老师重视。

△学习问题
因为学习成绩一直不好,对自己失去信心,认为自己不是"学习的料"。

△经典案例
××同学历来学习成绩很差,以前常常受到老师的批评,在老师和同学的眼中,他就是只"丑小鸭"。这学期,新班主任张老师却从来没有严厉地批评过他,还用许多名人成才的故事激励他,说他以后说不定也会成为"后起之秀"。令人想不到的是:期末考试时,他6门功课全都及格了。这令大家都很纳闷:"丑小鸭"怎么这么快就变成了"白天鹅"了?

△心理咨询
来看一个实验,你便会了解期望和暗示对孩子的巨大作用。

1968年，罗森塔尔和雅各布森在奥克小学一至六年级各选3个班的学生进行了一项心理实验：先在这18个班的学生中做了一番"煞有介事"的"预测未来发展"的测验，随后列出其中20%的同学名单交给老师，声称他们是"最佳发展前途者"，并一再叮嘱：千万保密，否则会影响实验的正确性。而实际上，这些孩子完全是随机抽取的。8个月以后进行复试，奇迹出现了，名单上的学生（特别是一、二年级的学生），显示出明显的进步，且"活泼""求知欲强""师生关系良好"。一年后再进行一次测试，这些"最佳发展前途者"成绩仍在提高。只有个别班级学生未获得提高，原因是原任教师调走，新任教师不知谁是"最佳者"，因而不能特殊地对待他们。

从这个实验中，可以看出，由于教师的期待和关爱，对学生的进步和成长产生了积极的影响。因为心理学家通过"权威的谎言"暗示教师，坚定了教师对名单上学生的信心，激发了教师独特的深情。教师掩饰不住的深情，通过眼神、举止、言语等传递给学生，使之更加自尊、自爱、自信、自强，从而产生了突出的效果。

在这个实验中，心理学家成功地运用了一种心理策略——暗示。心理学中，在无对抗的条件下，用含蓄、抽象诱导的间接方法，对人的心理或行为产生影响，使之按一定的方式去行动或接受一定的意见，使其思想、行为与暗示者的期望相吻合，这种现象被称为"暗示效应"。

指导计划

那么，对家长来说，如何在孩子的早期教育中进行积极的暗示呢？

1. 暗示要充满真挚的爱的情感

只有无私的爱才能真正发现对孩子有益的暗示。它有时能发现孩子在某方面的潜能，有时是对他性格中优秀成分的敏锐捕捉，有时是对他智力的真诚赞美。

2. 暗示不能是夸张和人为的对缺点的掩饰

来自亲人的暗示，常常会有夸大和期望的成分。但是对孩子明显的缺点也大加赞赏会养成孩子在品质上的一些坏习惯。比如，有个孩子拿了妈妈的钱自己买零食吃，家长知道后不但不批评反而夸奖自己的孩子："你看，我们家宝宝会花钱了，知道钱重要了。"这种不顾事实的暗示，与消极的暗示所带来的后果一样。

3. 暗示要能引起孩子身心的愉悦

不要轻易给孩子下定义。当孩子确实在某些方面做得不够好，我们应避免用以下语句："你怎么这么笨呢！""你看人家小强比你小，做得都比你好！""你怎么这么不争气呀！"因为这样很容易给孩子造成一种差和无能的暗示，特别是由于它来自孩子所尊敬的父母、老师时，这种暗示会导致孩子出现挫折感。我们不妨用以下语句："我相信你下次会做得更好。""你一直都是很棒的。"这样，同样一件事，不同的暗示会对孩子产生不同的影响，而后者能引起孩子的身心愉悦。

批评孩子要讲究策略

> 人们常说"看得多了也就习惯了"。对孩子来说，批评得多了也就习惯了。因此，批评要讲究一个度。

△**适宜孩子**

"厚脸皮"孩子。

△**学习问题**

学习成绩不好常挨批评，但批评对他们不起作用，学习成绩并未因批评而提高。

△**经典案例**

一次班会上，张老师谈到即将进行的理科实验考查，要求全班同学一定要认真对待，提前复习，确保人人过关。为了引起大家的重视，张老师板起面孔，表情严肃。这时，上次信息技术考试没过关的王龙同学正漫不经心地和同桌窃窃私语，尽管声音很小，还是被火眼金睛的张老师发现了。张老师不由想到上次信息技术考试全班50人，只有王龙一人未过关，于是禁不住打开了话匣子："王龙，你不吸取上次信息考试不及格的教训，还想拉你的同桌一起'下水'吗？上次不及格，为了补考，老师专门为你辅导，耽误了多少个晚自习？"尽管张老师表情严肃，但是王龙却一副毫不在乎的样子，因为张老师经常批评他，所以王龙已经把批评当成家常便饭了。

△心理咨询

为什么有些孩子会对批评毫不在乎呢？也许你会说因为他们是厚脸皮，但也许我们不知道，世界上其实没有天生厚脸皮的人。所谓厚脸皮的人，都是由于得不到别人的尊重，久而久之，羞耻感逐渐降低而形成的。

心理学告诉我们，每个人天生都是有自尊和羞耻感的。即便是婴儿，从6个月大的时候，就能识别"好脸""坏脸"。大人逗他笑，给他好脸，他会笑；大人横眉竖眼，大声吆喝，他马上会哭。

因此，我们只有保护孩子的自尊，他才会有羞耻感，脸皮儿才"薄"。脸皮就像手心的肉，如果经常磨它，它就容易形成茧子，以后再磨，感觉就不敏锐了。

但是，在现实生活中却很少有人注意到这一点。无论是当父母的，还是当教师的，经常无视孩子的自尊，动辄当众辱骂、训斥，日久天长，孩子就会视辱骂、训斥为"家常便饭"，不再脸红，不再害羞，也就变成了"脸皮厚"的人。那时候，不仅孩子的心灵受伤，你想再影响他，也不像先前那么容易了。

△指导计划

批评孩子时要讲究一定的策略，巧妙地批评孩子，这样既能达到批评教育的目的，又不会伤害孩子的自尊心。那么，父母批评孩子时，应注意掌握哪些技巧呢？

1. 延时冷却法。即家长情绪激动时不要批评孩子。有时，孩子犯的错误让家长极为生气，这时，家长最好是过一会儿再批评孩子。因为家长震怒时比较冲动，措辞一般比较激烈，很难做到冷静地选择合适的方式批评孩子，容易使孩子产生对立情绪，结果只能是把事情弄得更糟。

2. 循序渐进法。即先批评不痛不痒的小问题，使对方易于接受。并对孩子虚心接受意见的行为及时地给予肯定，然后循序渐进，深入到症结所在。孩子在受到肯定之后，自尊心得到了满足，也就比较容易进一步地接受意见了。

3. "指桑骂槐"法。即明知孩子有错，不直接批评孩子，而是通过批评与孩子犯了同样错误的人，以警示孩子。

4. 感同身受法。即让孩子亲身感受自己犯下的同类错误所带来的不便。由于孩子对自己所犯的同类错误产生的后果有了亲身体验，就很容易从心里接受批评。

5. 点到为止法。有的孩子自尊心极强，明明知道自己错了，可是面对别人的批评，嘴上就是不肯接受，尤其当着外人的面。这时，你大可不必非要"立竿见影"才行。只要他自己心里已明白，你就不妨给他一个台阶下吧。你给了孩子面子，孩子心中自然会感激你的。这个感激就有可能化为孩子改正错误的动力。

◁亲子互动

测测孩子的自尊程度

与别人说话时孩子的手会放在哪？

A. 掩着嘴

B. 触碰其他物件

C. 大摇大摆

测试结果：

A. 他的自尊心很低，缺乏自信心

B. 他不太介意别人怎样看他，当有人批评他时，他却无法忍受

C. 他的自尊心"高不可攀"，任何事情都认为自己比人优胜。对自己有信心，无疑是件好事，但过分的自信，却令人觉得他不可一世

让孩子敢于应考且善于应考

> 老天眷顾勇敢的战士，考场如战场，考生要想在考场上得胜，就要"勇"字当前。

◁适宜孩子

平时学习成绩很好的孩子。

◿**学习问题**

平时学得很好，一到重要考试就发挥不佳。

◿**经典案例**

某报曾经接到一位学生家长发来的"求救"邮件：我的孩子即将参加高考。想想三年前孩子中考时的情景，我不由得忧心忡忡。三年前，我的孩子在班级乃至学校都是佼佼者，但他比较内向，心理素质较差。这个缺点给他带来严重的后果：平时成绩很好，一到大考就一落千丈，中考成绩"超低水平"发挥，只勉强考上了一所普通中学。孩子没办法面对这个现实，消沉了许久。现在，三年过去了，我的孩子在这所普通中学表现很好，年年都获得"三好学生"称号。如果发挥正常，孩子上本科甚至重点都没问题，但如果改变不了心理素质差的毛病，成绩将难以预料。我们真担心，在高考那种更紧张的气氛中，孩子能否承受得住。真希望你们能帮我想想办法！

还有一名学生，连续两年参加高考，均因在考场上过度紧张而落榜，而按平时的考试成绩，他是完全可以进重点院校的。第一次高考，考数学时，有一道题他平时没见过，因此紧张起来，心跳加快、呼吸急促、神情慌张、双眼模糊，结果本来最擅长的科目却考得一塌糊涂，最后以3分之差落榜。经过一年的刻苦学习，他又走进了高考的考场。但一进考场，他又被笼罩在一种无形的紧张气氛中，明明会答的题目，甚至平时熟悉的题目都变得陌生起来，待走出考场才恍然大悟，结果又以7分之差落榜。

△ **心理咨询**

有些平时名列前茅的学生之所以在中高考中屡屡失利，唯一的解释只能是心理素质问题，是得失心过重和自信心不足造成的。有些人平时"战绩累累"，卓然出众，于是造成一种心理定式：只能成功、不能失败。再加之赛场的特殊性，社会、学校、家庭等方面的厚望，使得其患得患失的心理加剧，怎么能够发挥出应有的水平呢？另一方面是缺乏自信心，产生怯场心理，从而束缚了自己潜能的发挥。

△ **指导计划**

怎样才能让孩子避免考试发挥失常呢？

第一，要让孩子树立正确的"考试观"。考试并不神秘，也并不可怕，它和平时考试一样，不仅是检验知识水平的一种手段，也是心理素质的大考，是对学生综合能力的考验。

第二，告诉孩子要平心静气，走出那狭隘的患得患失的阴影，通过积极的自我想象，借助过去的成功经验，以唤起自己良好的情绪，正常地发挥自己的水平。

第三，加强综合训练，提高考试策略。平时小考针对的是部分知识，大考往往着眼于前后知识乃至各科知识的综合应用。学生需要加强对各种知识的整合理解和灵活应用，提高解决问题的能力，形成有效的应对综合问题的策略。此外，还需要对以往大考表现进行反思，发现问题，寻找对策。

第四，家长和老师要保持平常心。对于家长和老师来说，期望过高也可能会给孩子带来压力,应当调整过高的期望。其实,孩子需要的是鼓励而不是"你一定能考第一"之类的话。否则势必增加考生的心理压力,因为他们觉得如果考不好,会对不起家长和老师。

△亲子互动

考前三分钟放松操

从进入考场,到正式发考卷开考,中间都有 5～10 分钟的准备时间。在这段等待发卷的时间里可以让孩子做做考场镇静操,以消除紧张、稳定情绪。

第一节操:一分钟数息

先用鼻子缓缓地吸气,想象着吸进的空气经鼻腔、胸腔到腹腔,一直到小腹内,吸气的同时,小腹慢慢鼓起,鼓到最大限度略做停顿,然后小腹回收,想象着小腹内的空气再经腹腔、胸腔、口腔,最后慢慢地、均匀地从口中呼出。呼气的同时,心中默念次数"1"。如此反复做 10 次左右,约为 1 分钟。

第二节操:一分钟自我暗示

首先,在心中默念稳定情绪、增强自信心的话 3～5 遍。比如:"我已平静下来,我能够考好。""我有信心,一定能考出理想的成绩。"

其次,在三五遍词语暗示之后,紧接着进行形象暗示,努力浮现自己"平心静气地参加考试"的良好形象,再浮现过去某次测验、考试考得比较理想的愉快形象。在这种积极的自我暗示之下，你一定会平心静气地投入考试，成绩一定不错。

第三节操：一分钟"鸣天鼓"

"鸣天鼓"，是我国传统的健脑操，具体做法是：双肘支在桌子上，头略低，闭双目，用双手掌心紧紧按住两耳孔，然后用两手中间三指轻击后脑枕骨，随即可以听到"咚咚"的好像击鼓的响声。敲击声略快些，要有节奏，心中默念数字，敲击二三十下即可。"鸣天鼓"可防治头晕耳鸣，对清醒头脑、稳定情绪有明显效果。

第二章

好成绩从开发大脑开始

学习就像从北京到青藏高原的长途旅行,其中会越高山,跨河流,走盆地,最后到达高原。而大脑就像载人去西藏的那辆汽车,要让孩子顺利到达青藏高原,就要给他的这辆车加足马力,开发出它的无限潜能。

让大脑保持平稳运转,克服思维惰性

> 孩子在急于得到解答时,会倾向于接受一个"听起来不错"而没有经过充分考虑或检验的假设,即被那种似乎让他们"大脑睡觉"的第一答案迷惑而产生一种虚假的安全感。

△适宜孩子
上课不能跟上讲课节奏的孩子。

△学习问题
课堂上昏昏欲睡,打不起精神,听课效率很低。

△经典案例
小强在课堂上经常遇到这种情形:乍听到老师提出某个问题,自己不加思考就能说出答案,自我感觉这个答案是正确的,而结果往往答错。这到底是为什么呢?许多孩子对于小强的这种经历或许并不陌生。

△心理咨询
在课堂上,由于老师单向的、滔滔不绝的讲解,或者由于疲乏劳累,而同学们又不善于调控自己的精神状态,或者缺乏正确的判断能力,当老师要求大家实施某项行动或提出某个问题要求回答时，由于正处于某种神志恍惚的状态，不能对老师的讲解、提问、指令进行认真细致的分析、思考，只能囫囵吞枣、模糊作答、盲目行动，思维能力、辨别力处于低能状态。这种现象，心理学称为"催眠效应"。

也就是说，孩子大脑中形成的那些似乎正确且容易得到的答案，会产生安全和镇静作用，它可以用来解释为什么会出现"自以为正确而结果恰恰相反"。

△**指导计划**

如何避免这种情况呢？

（1）让孩子既要学会学习，也要学会休息，做到劳逸结合，使自己始终处于热情的、饱满的、健康的精神状态。

（2）让孩子加强与老师的沟通，充分发挥自己的主观能动性，主动地、自觉地进入学习活动的角色。

（3）让孩子开动脑筋、积极思维，使大脑机器保持平稳运转的工作状态，克服思想上的惰性。

（4）让孩子养成善于钻研、深思熟虑的学习思考习惯，防止一知半解、模糊应对等不良倾向。

假如孩子做到了以上几条，就可以从根本上杜绝思维惰性对自己学习的影响了。

△亲子互动

巧娶文成公主

公元634年始,吐蕃赞普松赞干布两次派机智善辩的大相禄东赞出使长安,向唐太宗求亲。禄东赞在长安求亲时,各国来求亲的使者很多。唐太宗下了一道命令,要前来求亲的使者先解答几个难题。哪一国使者能够解答,就答允跟哪国和亲。

第一道题是要求把一根很细的丝线,穿过一颗有九曲孔道的明珠。

第二道题是把一百匹母马和一百匹小马驹放在一起,要求辨认出哪匹马驹是哪匹母马生的。

唐太宗又命拿出一百根上下一般粗的木棒,令使臣认出头梢。

最终,聪明的禄东赞破解了这些难题,为松赞干布娶回了美丽的文成公主。

如果你是禄东赞,怎样解决这几道难题呢?

最佳做法:第一道题:禄东赞把丝线系在一只蚂蚁的腰部。蚂蚁带着丝线,爬过明珠的九曲孔道,丝线也就带过来了。

第二道题:禄东赞把母马和马驹分开关了一天,断绝了马驹的饲料和水。第二天,再把它们放在一起。饿慌了的马驹分别奔向自己的母亲那里去吃奶,它们的母子关系也就认出来了。

第三道题:禄东赞将木棒放进水里,因为头重尾轻,重的沉下,轻的浮在上面,从而认得一清二楚。

通过这个互动题目,可以训练孩子的思维能力,让他们发散思维，不受以往的经验所困，有效消减思维惰性。

突破思维定式，学会脑筋急转弯

> 在题海中经历大风大浪的孩子为什么会被一些简单题目阻挡住呢？原因可能是思路太僵化了。

△适宜孩子

经常被简单问题难住的孩子。

△学习问题

经常被简单的题目绊住脚，在考试中造成不必要的失分。

△经典案例

星期天，阿龙在家做作业，有一道几何题他花了两小时也没有做出来。第二天到学校去问同桌，同桌用指甲在他画的草图上画了一条辅助线，阿龙当即恍然大悟，顺利地解出了这道题目。

△心理咨询

为什么这种"一点就通"的现象在孩子的学习过程中频频发生？阻碍孩子思考的这层窗户纸又是什么呢？这还是涉及思维定式的问题。

类似的学习经验，无论在平面几何学科中还是在其他学科中，也无论是学得好的同学还是学得差的同学，相信都会有不同程度的体会。

解题的过程，其实是一个思维过程。每个孩子由于高级神经活动类型的特征、思维品质、知识水平、解题时的心境、状态等各不相同，思维的角度、思维发散的方向、思维的广度与灵活程度也就不同。这些不同因素的特定组合，就构成每个孩子各不相同的思维水平和思维定式。在解题的时候，这种思维定式往往使孩子按一种固定的思路去思考题目，表现出思维的惰性、呆板性，不善于转换思路和"迷途知返"。所以，当看到孩子为一道很简单的题苦恼半天时，不妨让他先放下手中的题，中断正在进行的思维，转换一下思路，说不定就豁然开朗了。

△指导计划

如何杜绝孩子解题过程中的思维定式呢？

1. 让孩子平时接触尽可能多的题型，加强知识理解的深刻性。

2. 做同一类型的题目，让孩子寻求不同解题途径与思维方式，培养思维的广阔性。这样训练有益于打破思维定式、拓展思路、优化解题方法，从而培养发散思维能力。

3. 做完一道题目，可以让孩子自己改题目。如变换几何图形的位置、形状和大小，培养孩子思维的灵活性、敏捷性。

△亲子互动

大吃一惊

英国牛津大学的考试以严格著称。许多考生初试时就败下阵来,而余下的考生能否通过复试,则要看他们临场应变的能力。复试的方式是面试,有人统计过,牛津大学面试的通过率不到50%。

某考生进入考场,见主考老师手中拿着一份《泰晤士报》。主考老师给的试题是:"设法让我大吃一惊。"

最佳结果:考生听完题目,一把将主考老师手中的《泰晤士报》抢了过来,用打火机将其点燃后烧掉。这个"回答"果然令主考老师大吃一惊。这位考生就这样通过了面试。

互动分析:你的孩子的回答又是什么呢?无论他的回答是什么,孩子都能通过这个互动游戏得出下面的结论:生活中命运的不同是因为思维方式和反应速度的不同。当人为一个问题而冥思苦想时,不妨跳出来,从全新的角度找到突破口。

锻炼大脑,防止"卡壳效应"

站起来大脑一片空白,什么也记不起来了。遇到这种情况,孩子羞愧不已,只能从心里说:"老师,我本来知道答案的。"

△适宜孩子

课堂上回答不出问题的孩子。

△学习问题

明明知道答案，可被老师提问后站起来却不知如何作答，时间一长，怀疑自己的大脑，也给老师留下了不好的印象。

△经典案例

在课堂上，小斌对老师提出的每一个问题都会认真思考并踊跃举手争取发言。可是有时候会遇到这样一种尴尬：当老师指名让他回答时，他一站起来，刚刚想好的答案却不知什么时候"飞"走了，张口结舌的他闹了个大红脸，恨不得找个地洞钻进去。同学们说他是不懂装懂，让他感到十分难堪和委屈。

△心理咨询

小斌的这种经历很常见，许多孩子为此也很苦恼，并不是自己不懂装懂，只是瞬间思维好像被人掏空了。这种现象在心理学上称为"卡壳效应"。

"卡壳效应"也叫作"心理上的昏眩"，是指明明知道的东西（话在嘴边），却一下子怎么也想不起来（思维"断线"），不管我们怎样努力试图回忆，在当时的情境中都是徒劳。

课堂答问时的"卡壳"现象在小学生中时有发生。其原因大致有6个。

（1）思维缺乏连贯性。不会在思考问题答案与争取发言机会这两种思想状态之间建立有机联系和实行连贯思维。

（2）难以实现注意力的分配。只顾举手引起老师注意，不能做到争取机会与思考答案两者兼顾，更难实现两者的有序转换，实质上是不善于进行注意力的合理分配。

（3）注意力中途转移。即注意力指向改变，举手后，将注意力完全集中到（即转移到）争取发言机会上去了，想好的答案则悄悄"隐退"，顾此而失彼。

（4）情绪不够稳定。或遇事容易激动，或喜欢凑热闹，或求成心理过于迫切，不善于控制情绪。

（5）思考不周而急于表现。因为对问题的思考并不周密，答案在头脑里还没有形成深刻印象，优势兴奋中心并没有建立，即没有想成熟就急于表达，结果自然是卡壳。

（6）短时记忆能力不强。这是小学生心理发展的阶段性反映，再加上急于回答问题，因而导致思维"短路"，并不是"不懂装懂"。假如他一举手老师就立即叫他回答，也许这种现象就不大会发生。

▲指导计划

针对孩子这种课堂上的思维"卡壳效应"，家长可以从下面两点对其进行训练和改进。

1. 要加强"脑筋急转弯"之类的智力训练

平时在学习中，当"卡壳"发生时，家长可以通过激发孩子另一性质的强烈的心理活动，使大脑产生新的兴奋灶，通过负诱导（脑筋急转弯），使因紧张引起的兴奋灶受到抑制，从而使大脑相关区域的抑制（卡壳）得以解除，达到"围魏救赵"的目的，继而使问题的解决进入"柳暗花明又一村"的崭新境界。

2. 让孩子主动求助于他人的指点

在平时的学习中，如果"卡壳"的问题的确难以解决，孩子可以主动求得他人的帮助，经旁人稍一提示，往往能收到画龙点睛、茅塞顿开之效，接下去便能渐入佳境。不过，求助于别人的指点，这只能作为避免"卡壳效应"的辅助手段，关键还是要练好自身的"内功"。

总而言之，"卡壳效应"多数情况下是突发性、暂时性的，只要导致"卡壳"的因素缓解或消除，断了的思维之线就会接通，这就是为什么我们一坐回座位（或一离开考场），忘记了的东西又会清晰地回到我们的脑海里的缘故。问题的关键在于，我们必须首先找到引起"卡壳"的因素，然后再根据上述建议，设法缓解或消除这些因素。

△亲子互动

燃香计时

有两根粗细不均匀的香，香烧完的时间是一个小时，用什么方法能确定一段 45 分钟的时间？

答案：将两根香同时点着，其中一根要两头一起点，当两头一起点的香燃尽的时候，时间正好过去半个小时。那么，只点一头的香正好燃烧了半小时。也就是说，燃尽剩下的半根还需要半个小时，那就再两头点，燃尽剩下的香所用的时间是 15 分钟。两根香全部烧完的时间就是 45 分钟。你的孩子想出来了吗？

这个智力测试,可以让孩子开动脑筋,用思考去解决问题。平时孩子出现"卡壳效应"时,可以让他们多做一些这种智力测试,说不定在解智力题时以前的思路又会重新打开了。

锻炼想象力,让作文不再空洞

> 写作是个创作的过程,有些孩子的作文就像流水账,只是一些简单句子的罗列,没有主题思想,没有深度。这与什么有关系呢?

△**适宜孩子**

作文不好的孩子。

△**学习问题**

无论给孩子买多少作文指导书,他写出的作文还是空洞,没有内容。每次考试作文都因空洞刚刚及格,导致语文成绩不好。

△**经典案例**

慧慧平时的作文内容非常平淡,写作时常常感到无话可说。老师说这是由于她在生活中缺少激情,作文时又缺少想象,写起来当然空洞无物。慧慧很苦恼,她也想写出动人的故事、优美的文字,可是一拿起笔就一个字也写不出来了。出现这种情况,归根到底还是孩子的想象力被局限了。

◁**心理咨询**

什么是想象呢？心理学中指人不仅可以回忆过去感知过的事物形象，而且还能创造新的形象。这种在刺激影响下，人脑中旧经验（即旧表象）重新组合而产生新事物形象的过程叫想象。

想象是一种高级、复杂的认知活动。形象性和新颖性是想象活动的基本特点，它主要处理图形信息，以直观的方式呈现在人们的头脑中，而不是以词语、符号、概念等方式呈现。

爱因斯坦指出："想象力比知识更重要，因为知识是有限的，而想象力概括着世界上的一切，推动着进步，并且是知识进化的源泉。"兴趣、热情是进行想象活动的直接动力，家长为培养孩子的想象力，就要千方百计地去激发他们的兴趣、热情，当孩子对学习倾注了热情，就能驱使他去努力想象他的研究对象。

◁**指导计划**

日常生活中，家长应该为孩子多创设一些情境，在活动中使孩子的想象力得到发展。以下活动可供参考：

1. 让孩子根据歌词或乐曲，想象出一幅幅有声有色的画面。通过绘画、手工及科技活动，训练孩子的创造才能。

2. 对静物做动态想象，变无声为有声想象。如出示一幅画面，要求孩子围绕画面主题，写出画面上人物的精神、动作、语言。

3. 对抽象的词做具体形象的想象。如"和平""懦弱"这样的词，要求孩子以场面或人物动态来表达词的意思。

另外，家长还可以带孩子出去旅游、参观，引导孩子想象，以激发其丰富的想象力，从而激起学习的强烈愿望。

△亲子互动

联想游戏

活动目标：

1.培养孩子的想象力。

2.培养孩子思路流畅、表达流畅的能力。

游戏程序：

家长伸出10个手指，和孩子一起数，从1数到10，做数字联想游戏。

（1）提问孩子："我们数到了10，从1～10这10个数字的字形上，你能想到什么？"

（2）举例：你看"1"像竹竿、筷子、电线杆，那2呢？3呢？（"2"联想到白鹅、鸭子等；"3"联想到山、麦当劳等。）

（3）动物排排看：四条腿的动物有 牛→狗→羊→狮子

会飞的动物有 鸟→蚊子→雁→鸽子

活动中不管孩子的答案是什么，家长都要先倾听接纳，再引导出更好的答案。这个游戏可以锻炼孩子的发散思维，增强孩子的想象力。

提升孩子的记忆力

> 学习离不开记忆,没了记忆也就没了学习。要想在学习中游刃有余,"记忆"这门武艺是必须修炼的。

△适宜孩子

不喜欢背书的孩子。

△学习问题

学习中不喜欢背东西,记忆力不好,只要与"记"有关的学科都学得很差。

△经典案例

北北出生在高干家庭,生活条件很优越,父母对这个独生子比较娇惯。他性格活泼,一双大眼睛炯炯有神,说话的声音细而干脆,是一个很机灵的孩子,但学习成绩一般。他的父母都是知识分子,对孩子的期望值较高,希望他能升入重点中学。但从目前的学习成绩看,距进入重点中学的差距很大。为了提高他学习能力方面的不足,妈妈送他来到学习中心进行训练。

学习中心对北北的测验结果进行了细致分析,发现他记忆能力和理解能力不足。在与家长的交流中了解到,他在学习上最大的困难是:老师在课堂上讲的内容有的记不住,下课后完成作业困难；阅读课文较好，但背记课文困难，读十几遍都背不下来；文字理解困难，修改句子的错误较多；应用题理解困难。

△心理咨询

像北北这样的孩子很多，影响他们学习成绩的主要原因是：

1. 记忆能力较弱

由于学生在学习过程中主要依靠记忆功能，因此，记忆在学习中起着重要的作用。记忆从时间上分为短时记忆和长时记忆。短时记忆是指一分钟以内的记忆。听课时边听边记笔记，就是依靠短时记忆。长时记忆是指从一分钟以上直到许多年甚至终生保持的记忆。与短时记忆相比，长时记忆的能量非常大。其实，长时记忆是对短时记忆反复加工的结果。如果孩子的短时记忆不好，往往会影响他的上课听讲质量，而长时记忆与他的概念理解能力的高低有很大的关系。

2. 理解能力较弱

这类孩子可能会表现为无法有效地组织思考内容，无法形成抽象的概念，对理解抽象的概念有一定的困难。

△指导计划

对于孩子记忆力不好，记不住东西，家长可以从以下3方面予以训练：

1. 提高孩子听觉记忆能力，目的是让他听清楚，听到后再记住。

2. 提高视觉能力记忆，目的是要求他看日记后写下来。

3. 理解能力训练

（1）先从语文知识中的字、词、句、段、篇开始做理解训练。

（2）推理和思维训练：听故事让孩子想原因或结果。

（3）应用题理解，帮助他掌握基本的解题方法。从各种类型习题中挑选出最典型的习题进行练习，教会他如何分析题，找出已知条件和未知条件的关系及要解决什么问题等。

巧记英语单词

"记单词像黑瞎子掰棒子，掰一个弃一个"。这是方法不对导致的。

△ 适宜孩子

英语成绩不好的孩子。

△ 学习问题

在英语学习过程中因记不住单词而读不懂英语文章和试题，导致英语成绩很差。

△ 经典案例

芳芳是初一的学生，她的英语学得特别不好。主要原因就是她记不住单词。天天写，天天记，老师一听写还是不会。有时好不容易听写时写出来了，不过后来又发现记混了。就这样，考试时她根本读不懂文章，更别说自己写作文了。

△心理咨询

很多孩子都会遇到芳芳这种苦恼。其实，这是因为他们记忆英语单词的方法不对。科学家认为，一个人大脑储存信息的容量，相当于10亿册书的内容，一个人的大脑即使每秒钟输入10个信息，这样持续一辈子，也还有余地容纳别的信息。

△指导计划

为了记好单词，家长可以让孩子参考以下几个方法：

1. 全身心记忆法

根据测试，参与记忆单词的器官和身体部位越多，单词在大脑中的印象就越深刻，记忆的时间也就越长。边读边写边记，除读记所使用的发音器官和身体的其他部位外，大脑中枢还要指挥大臂带动小臂，小臂带动手掌，手掌带动手指，从而正确地书写单词。

2. 同类记忆与比较记忆

同类记忆的涵盖面很广，如词性同类、动物同类、植物同类、事情同类、物品同类等。比较记忆是把词形相近或意义相近的词放在一起对比记忆。这样记忆可以辨别词义，准确使用词汇。

3. 联想记忆法

记忆以联想为基础，联想又是记忆的一种方法。联想越丰富、越多彩，记忆的艺术也就越高超。联想又分为类似联想、类别联想和词、句、篇联想。

4. 构词记忆法

利用英语词汇的构词规律、内在结构记忆单词是一种很有用的方法。

英语单词是由词素构成的，词素分为自由词素和黏附词素。记忆单词主要是记自由词素，因为有些自由词素可以充当词根，词根加词缀构成许多派生词。构词法主要有3种：转化、合成和派生。

除了以上几种方法，家长要让孩子必须记住，词汇只有在运用中才能真正掌握，也就是说，必须多听、多说、多读、多写才能真正记住自己想记的词汇。

◇亲子互动

快速记词语

奇特联想是联想的一种，它将要记的东西在头脑中人为地形成一种奇特古怪的联想，从而帮助记忆。比如，要想记住"狗、自行车"这对词，我们可以想象"狗骑着自行车在马路上逛来逛去"。

再比如，如何快速地记住"火车、河流、风筝、大炮、鸭梨、黄狗、闪电、街道、松树、高粱"10个词呢？

我们可以形成如下奇特联想：一个人登上了飞速前进的火车，火车在河流上奔驰，河流上漂来一个大风筝，风筝上架着一门大炮，大炮的炮筒里打出来一只鸭梨，鸭梨落入黄狗的嘴里，黄狗像一道闪电，迅速地跑过街道，爬上一棵老松树，咬住了老松树上长着的一株高粱。

让孩子在5分钟内按顺序记忆下列词语：

桌子、云朵、坦克、铅笔、大树、看戏、开水、气球、母牛、说话、自习、武术、百货大楼、公路、怪物、房间、大炮、校园、美国、暖气。

如果死记硬背，5分钟内要按顺序记下20个独立的词语，确实有些难度，那么，让我们用联想记忆法试试。

可将这些词联想为：自己吃饭的桌子突然变成了七彩云朵，托起了坦克；飞过之处落下了许多铅笔，落到地上变成了大树；坐在大树上看戏，口渴了，想喝开水；拽着气球飘下树，正落到一头母牛身上，母牛说话了，让你快去上自习；自习课上学了武术，使你一下跳上百货大楼楼顶；不知什么时候，楼顶修成了公路；公路上跑来一只怪物，托着你的房间往大炮里送，要打通校园的地面连接美国的暖气。

这一记忆法可以非常快速准确地记住更多词语。

谨防考场"记忆堵塞"

> 考场上一直很顺利,却被一个概念阻挡了前进的道路,明明进考场前还看过的概念,怎么也记不起来了,这就是考场中的"记忆堵塞"。

△ 适宜孩子

考试中记不起所学知识的孩子。

△ 学习问题

平时学习还可以,在考试中经常出现记住的东西记不起来的情况,因此导致心情紧张,不能专心答题。

△ 经典案例

明明马上就要参加高考了,可在最近举行的几次模拟考中,总出现这种情况:正努力想从已到舌尖的话中选出一个熟悉的或者相当明白的证据、概念、公式时,还未动笔,那即将呼之欲出的灵感和记忆却突然消失了。这让本来已经很紧张的他在考场上更是不知所措,甚至大脑一片空白。

△ 心理咨询

许多孩子考试时也会遇到明明的这种情况。值得指出的是,引起记忆堵塞的根本原因是对考试准备不足。比如对于一些数学概念只是记住了，而不了解它的推导过程。到了考场上，一紧张，压力一大，势必会忘，而且自己也不会推导。因此，防止记忆堵塞的最好办法就是预防。

为了减少记忆堵塞产生的可能性，就要在考试前进行充分的、有规律的复习，对重要知识点不仅要知一，还要知全部，做到触类旁通。

△指导计划

如果孩子在考试过程中发生了记忆堵塞现象，可以让他尝试下面几种方法来克服。

第一，保持镇静。记忆堵塞在非常紧张的环境里似乎更严重，更容易发生，这时要保持镇静，并注意调节自己的呼吸。

第二，联想。克服记忆堵塞的另一个办法是联想。不妨让孩子回忆老师在讲课时的情景或自己的复习笔记，并努力回忆与发生记忆堵塞问题有关的论据和概念，把回忆到的内容迅速记下来，然后看能否从中挑出一些有用的材料或线索。

不妨让孩子当个"十万个为什么"

> 《十万个为什么》为我们解决各种各样的疑问,而孩子却是一个相反的"十万个为什么",总为大人制造各种各样的疑问。这是孩子好奇心的表现。

△**适宜孩子**

总爱问问题的孩子。

△**学习问题**

学习生活中经常会问别人各种各样的问题,别人却不热心解答,让孩子疑问滞留。

△**经典案例**

放学后,孩子和妈妈一起回家。这时候,开始下雨了,孩子好奇地问:"妈妈,天为什么会下雨?"妈妈回答说:"因为天觉得热了,它身上就流汗了!"孩子又问:"为什么天热就会下雨?"妈妈又说:"下雨就不会热了啊!"孩子再问:"为什么天下雨就会不热了呢?"妈妈有些发愁了,结结巴巴地说:"因为我也不知道。问得太多了,烦人,不要问了!"

吃晚饭的时候,孩子开始问爸爸:"爸爸,我们为什么要吃饭呢?"爸爸说:"肚子饿了嘛!"孩子接着问:"肚子为什么要饿？"爸爸回答说："你想想，我们每天都要做好多的事情啊，那得用多少力气，肚子能不饿吗！"孩子再问："为什么我们要用力气才能做事呢？"爸爸有些不耐烦了，说："废话！你走路不用力气能行吗？吃饭不要说话，太没有礼貌了！"

△ 心理咨询

孩子来到这个世界上，对各种事物都有浓厚的兴趣，对什么都感到新鲜，有强烈的好奇心和求知欲，表现出对知识的渴望和对新鲜事物的探索。

心理学研究表明，提出问题是思维活动的起点，是对新异刺激物的一种探究及反射。随着孩子阅历的增长和思维能力的发展，他们提出的问题也会从简单到复杂，从具体到抽象。这样，他们懂得的东西就会越来越多，直到可以自己寻求问题的答案。由此可见，孩子的提问和好奇心、求知欲是极为宝贵的思维火花。

做父母的如果认识不到孩子的这种心理特点，以简单粗暴的态度对待，就可能使孩子思维中纯真的火花渐渐熄灭。

△ 指导计划

对待孩子的提问，父母的正确态度应该是：

1. 要耐心，不要烦躁和训斥孩子。如果你正忙于做事，可以告诉孩子"过一会儿告诉你"，或者暂时放下自己正在做的事，给孩子解答。

有的父母由于知识面有限，回答不上来，可以实事求是地告诉孩子："这个问题我也不懂，等我查查书或问问别人再告诉你。"

2.加强引导和启发。如果孩子提的问题并不太难,可启发他们自己去思考和解答。

比如孩子问:"为什么冬天窗户上会有冰花?"可以启发他想想,冬天院子里水冻成冰的道理。在辅导孩子学习时,有意识地诱导孩子把兴趣和好奇心变成学习的动力。

3.讲究回答孩子问题的艺术性。

要根据孩子的年龄特征和接受能力,尽量简明、准确、通俗、生动。切忌长篇大论、深奥难懂。如果问题很复杂,怎么讲孩子也不可能理解,可以告诉他:"你现在还小,长大了就会知道的。"或者用转移注意力的方法把他的兴趣引到别的地方去。

第三章

到达学习巅峰要有意志做伴

　　苏东坡曾云:"古之成大事者,不唯有超世之才,亦有坚韧不拔之志。"坚强的意志是一个人成功的必要心理素质,只有坚持不懈、持之以恒,才能圆满地实现自己的人生目标。

培养孩子的果敢品质

> 不会做的题怎么看也不会，会做的题又不敢动笔，总怀疑自己的思路，"空白试卷"就这样来的。

△ **适宜孩子**

没有主见的孩子。

△ **学习问题**

学习中不果断、犹犹豫豫，总对自己的决定产生怀疑，考试中改了又改，还是经常改错，导致学习成绩不好。

△ **经典案例**

小刚在班里成绩不好，所以他每次解数学题时，就算自己有了解题思路，也常常不敢下手解答，生怕自己的思路不对。高一文理分班，当老师问小刚报文科班还是理科班时，他又犹豫了，不知自己是学文好，还是学理好。小到解题，大到选择自己的人生之路，小刚都犹豫不决，不知何去何从。

△ **心理咨询**

生活中，像小刚这样的孩子很多。这涉及孩子的意志品质问题。

意志是意识的能动作用，是人为了一定的目的，自觉地组织自己的行为，并与克服困难相联系的心理过程。意志对个性的发展具有十分重要的意义。法国生物学家巴斯德有一段名言："立志、工作、成功，是人类活动的三大要素。立志是事业的大门，工作是登堂入室的旅程。这旅程的尽头就有个成功在等待着。"这说明，意志在人的成才、成事中具有极为重要的作用。若孩子做事拿不定主意、犹豫不决，正是意志力薄弱的表现。

导致孩子意志薄弱的原因有：

（1）家长过于保护，致使孩子依赖性强。成人出自"好心"，唯恐委屈了孩子，一味包办、代替或过多地干涉孩子的事情，孩子就无法学习到独立做事的经验。

（2）家长要求过分严格，孩子自信不足。爸爸妈妈望子成龙心切，对待孩子往往期望过高，总是不满意孩子的表现，赞许少、批评多。有的爸爸妈妈还让孩子做力不能及的事，又不帮助他，结果，孩子常常感到失败的痛苦，不自信，害怕做错事，更拿不定主意。

◢**指导计划**

家长应怎样培养孩子果断的意志品质呢？

1. 有些事情可以让孩子自己决定的就让他自己决定，以免孩子养成依赖心理。

2. 父母之间的矛盾不要暴露在孩子面前，否则孩子会无所适从，不知道谁对谁错，久而久之形成性格上的游移不定。

3. 父母不要老对孩子采取吓唬手段，这样往往会导致孩子胆小怕事，前怕狼后怕虎，这是形成孩子"犹豫状态"的重要因素。

◁ 亲子互动

果断性测试

你的孩子做事风格是怎样的呢？给他来个果断性测试你就知道了。

让孩子看看下面所描述的这些特征和他像不像？并根据每个题目给自己打分。+3 表示非常像；+2 表示比较像；+1 表示有点像；–1 表示有点不像；–2 表示不太像；–3 表示非常不像。

1. 大多数人似乎都比我敢作敢为、果断。*
2. 因为"害羞"，我对主动回答问题总是迟疑不决。*
3. 当妈妈的菜做得不合我口味时，我会向妈妈提出。
4. 即使是感觉到自己受到了伤害，我也会非常小心地不去伤害别人的感情。*
5. 如果文具推销员推销我不太喜欢的产品，我也很难开口说"不"。*
6. 别人让我做某件事情时，我总要弄清楚原因。
7. 我总会去寻找一个好的强有力的论据。
8. 我会努力做到班级中的前几名。
9. 平时周围的同学总是会利用我。*
10. 我喜欢与新认识的人、陌生人交谈。

11. 我不知道该说些什么来吸引异性同学。*

12. 给教师办公室打电话,我会犹豫不决。*

13. 我宁愿用写信的方式来告诉某个男(女)孩我喜欢他(她),也不愿意用私人面谈的方式来说出。*

14. 买了东西不合适又回去退,让我感到难为情。*

15. 如果一个亲密的令人尊敬的人打扰了我,我也会使自己的心绪平静下来,不会表达我的不满。*

16. 我总是逃避问题,害怕提出一些愚蠢的问题。*

17. 在辩论会中,我有时会害怕自己紧张而动摇自己的观点。*

18. 如果一位著名的令人尊敬的演讲者表达了一个我认为不正确的观点,我也会表达我自己的观点。

19. 我避免和店员或售货员讨价还价。*

20. 当我做了一些有价值的事情时,我会想方设法让别人知道。

21. 我会公开、坦率地表达自己的情绪。

22. 如果有人散布了我的谣言,我会尽快找到他和他理论。

23. 我总是很难说"不"。*

24. 我倾向于隐藏自己的情感,而不是公开表达。*

25. 我会抱怨学校餐厅或其他地方的服务差。

26. 当得到赞扬时,有时候我不知道说什么好。*

27. 如果在电影院或演讲厅,我附近的两个人在那里大声说话，我会让他们保持安静或到其他地方去说。

28. 任何人都别想在我前面加塞儿。

29. 我会立即表达自己的观点。*

30. 很多情况下我都会沉默不语。*

孩子答完题，让他按下列方法计算得分。首先把标有星号"*"的题目反向计分，然后将30个题目的得分相加。正分表示果断性高，负分表示果断性低。

从这30道题目中，你就可对自己孩子的果断性有一个大体的了解，如果他得分高，那恭喜你，你的孩子做事很果断，有自己的做事风格。相反，你就要放手，让他自己的事情自己做决定，培养他的果断性。

让孩子"远游戏，亲学习"

> 在游戏的天堂里，他是将军和皇帝；在现实的生活中，他却是学习的败将。所以，他们喜欢在游戏的天堂里"翱翔"。

△**适宜孩子**

痴迷游戏的孩子。

△**学习问题**

迷恋电脑游戏，自己控制不了自己，因此耽误学习，导致学习成绩很差。

△经典案例

小哲上小学二年级了，很喜欢打电脑游戏，周末或节假日，如果爸妈不在，他可以连续玩一上午不休息，没有节制。这严重影响到他的视力和学业。所以，每次小哲妈妈看到他坐在电脑前，脸色都很阴沉，不是骂他就是对他大吼。虽然小哲在妈妈的命令下说不再玩了，可是下次又这样。

△心理咨询

中小学生中爱打游戏的人不在少数，有的孩子玩游戏是为了逃避现实中的问题，比如人际关系问题、学业问题和情感问题，孩子无法解决面对的困境，于是以沉迷于游戏来寻求暂时的解脱；有的孩子是为了补偿生活中的缺失，比如缺乏鼓励和成功体验的孩子，在游戏中能较容易地获得成功，可以弥补他在现实中无法得到的缺憾；在生活中屡遭挫折的孩子也容易陷入电子游戏，因为游戏中没有指责、批评，容易获得他人的承认。

孩子由于学业和各种关系的失败，而转向打游戏，是一种代偿心理。当自己追求某种东西追求不到，因而不能满足自己的欲望时，就不再去追求原来的目的了，而是试图"重新"假设一个目的来追求，从中得到心理的补偿，这种心理就叫作"代偿心理"。

△指导计划

对于家中有这种孩子的家长，应先从以下两个方面对孩子进行引导。

（1）让孩子对电子游戏有个辩证的认识。

（2）要注意开拓孩子丰富的精神生活领域，培养他健康向上的兴趣和爱好。

要让他积极参加丰富多彩的业余活动，在活动中满足自己道德的、智力的、审美的需要，如体力劳动、体育锻炼、阅读和写作、科技制作等。一旦感受到这些活动的意义和乐趣，就自然会从对游戏的迷恋中解脱出来。

△亲子互动

孩子是"游戏中毒"了吗

下面列举了对电脑游戏迷恋程度的测试题，请孩子按照自己的情况，在符合的选项中画"√"。如果他的情况符合其中的10个或10个以上，那么他就是电脑游戏的"中毒"者。他必须尽快从电脑游戏的控制中解脱出来，否则时间越长越难摆脱"毒瘾"。

① 打开电脑后，先玩游戏。

② 玩游戏能废寝忘食。

③ 睡觉时也继续沉浸于"玩游戏"。

④ 通宵达旦地打游戏，导致上课时总是打瞌睡。

⑤ 因为打游戏没复习功课，考试没及格。

⑥ 因为玩游戏，感到身体很疲惫。

⑦ 不能玩游戏时，常感到烦躁和生气。

⑧ 没玩游戏时，也想着有关游戏的事。

⑨ 玩游戏时经常大喊出声。
⑩ 游戏里的主人公死亡或受伤，自己也会非常伤心。
⑪ 经常分不清自己置身在虚拟世界，还是现实中。
⑫ 觉得现实生活中做不到的事情，在游戏中都能做到。
⑬ 比起现实中的自己，觉得游戏中的自我更有价值。
⑭ 因为天天玩游戏，老是被爸爸妈妈批评。

学习承受挫折和打击

> 一位名人曾说过："与其说成功是一杯甜酒，不如说这是一杯苦酒，是许多次失败的苦汁的聚结。"孩子若害怕失败，就会离成功越来越远。

△**适宜孩子**

输不起的孩子。

△**学习问题**

学习中承受不了挫折和打击，一旦失败，就悲观失望，对学习丧失信心。

△**经典案例**

红红是小学三年级的学生，在日常生活中，红红的父母经常会遇到这类情况：批评她学钢琴不认真，她索性就放弃不弹；和父母玩游戏一旦输了,她就大发脾气;看到其他同学表现比自己好,就委屈哭泣。

如今,越来越多的孩子表现出像红红这种"输不起"的心态。所以,家长平时应注意提高孩子的耐挫力。

△ **心理咨询**

所谓耐挫力是指当个体遇到挫折时,能积极自主地摆脱困境并使其心理和行为免于失常的能力。日常生活中的挫折情景很多,例如学走路时摔跤,和小伙伴相处时发生冲突,考试考得不好,等等。孩子在受挫后如果得不到合适的引导,常会失去自信,产生退缩之感,甚至变得越来越软弱;如果得到合适的引导,孩子则会坦然面对挫折,渐渐培养对挫折的承受力、意志力。

△ **指导计划**

家长应怎样引导孩子,培养他的耐挫力呢?

1. 要相信孩子有能力独立完成不少事情。在某些时候要果断离开孩子,打破他的幻想,让他被迫抛开依赖性和惰性,学会用自己的意志力直面困难。

2. 培养孩子乐观的态度和坚强的意志。教育孩子乐观地对待每一次得失成败,以"胜败乃兵家常事"的豁达态度去对待生活中的暂时失败。

3. 营造民主的氛围,注意指导,及时鼓励。在教给孩子生活自理常识的同时,还要教给他们做人的道理,引导他们明辨是非,认识生活的真谛。要善于发现孩子的优点,及时勉励,增强孩子的自尊心和自信心，提高他们完善自我的欲望。

△亲子互动

跌倒了，爬起来

行动目标

1. 教育孩子遇到挫折不要屈服，而要正确认识挫折。

2. 教育孩子要善于吸取教训，从挫折中奋起，以更大的信心迎接新的挑战，从而形成能够经受挫折考验的健康心理。

互动程序

（1）法国大作家巴尔扎克曾经说过："苦难对天才是一块垫脚石，对能干的人是一笔财富，对弱者是万丈深渊。"在我国南方的某市，曾经发生过两个真实的故事，故事的主人公都是十来岁的小男孩。让孩子来听听这两个故事。

故事一：

一个11岁的小男孩，他同桌的手表丢了，那位同桌告诉老师手表可能是他偷走了。老师找他了解了一下情况，并没有认定是他偷的，但他承受不了这个刺激，竟上吊自杀了。

故事二：

一个年仅10岁的小男孩田磊，在知道自己身患绝症后，还顽强地与死神搏斗，忍受着常人难以忍受的痛苦，坚持接受化疗。更感人的是，他经常利用休息时间去化疗，其他时间仍坚持上学，而且学习成绩良好。

（2）讨论：你欣赏哪个男孩的做法？为什么？

（3）家长总结：这是面对挫折表现出的两种不同的态度。前者，在小小挫折面前，主动地放弃了生的机会，是一个失败者；后者，在生与死的考验下，仍然努力奋发向上，是坚强的人。这两个故事给我们提出了同一个问题：当我们面对挫折的时候，应该怎么办？

让好学生"输得起"

> 生活在掌声与鲜花中的孩子一次失败就让他们有"失宠"的感觉，仿佛要被打入"冷宫"了。

△ 适宜孩子
学习成绩一直很好的学生。

△ 学习问题
平时成绩一直很好，偶尔成绩不好心理就承受不住，学习成绩骤然下滑。

△ 经典案例
小臻是某小学四年级学生，考试经常得全班第一，父母常常夸他是"最聪明的孩子"。有一次，小臻考试没发挥好，成绩不理想，他一回家就嚷着不想读书了。父母吓了一大跳，问了好久，小臻才哽咽着说：“这次数学考试我没有得第一，只考了80多分，我是不是变笨了，不是最聪明的孩子了？老师、同学一定都会笑话我的。”

△心理咨询

像小臻这种好学生"赢得起，输不起"的心理，就是"蛋壳心理"。

在大人眼里，现在的孩子普遍有较为封闭和脆弱的心理特点，这有家庭的关系，也有社会的原因。现代化、城市化的发展，带来了居住空间上的变化，给孩子造成了相对封闭的环境，再加上大都是独生子女，缺少与同龄人交往的空间，容易产生性格上的缺陷。在这方面，家长或学校需要共同努力，慢慢给孩子锻炼的机会，他们才能慢慢地打开这个"壳"。

△指导计划

家长如何帮孩子打开这个禁锢孩子的"壳"呢？

1. 孩子读小学时，家长应尽可能让他们体验成功、建立自信。但如果一味表扬孩子聪明能干，易滋长孩子的"蛋壳心理"，让孩子害怕失败，不知道如何面对失败。家长应让孩子明白，成功固然好，但失败也是难以避免的。

2. 孩子遭受挫折寻求大人的帮助时，如果得不到父母的及时鼓励，或是遭到父母的误解、否定，则易产生自卑、偏执的性格，甚至可能采取偏激行为。所以大人要耐心给予帮助和引导，让孩子养成积极交流的习惯，并逐步形成能坦诚、大胆地与别人沟通的性格。

△ 亲子互动

你的孩子有"蛋壳心理"吗

下面 10 个题目设计用来测验孩子的"蛋壳心理"状况，对照实际生活情景填写（在对应的词语上画"√"），填完后按照题后的提示计分。

1. 如果孩子乱丢垃圾、弄脏刚穿的衣服等，你们是否会批评他？

极少　　　有时　　　经常

2. 孩子因要求被拒绝或者被批评后，是否会哭泣较长时间？

极少　　　有时　　　经常

3. 玩智力游戏失败后，孩子是否不愿意重新玩下去？

极少　　　有时　　　经常

4. 聚会时，如果其他小朋友表现得更出众，孩子是否会吵着要回家？

极少　　　有时　　　经常

5. 孩子不愿意做某件事情时，是否难以说服他改变做法？

极少　　　有时　　　经常

6. 要求孩子重新说一遍他刚说过的话时，孩子是否不愿意？

极少　　　有时　　　经常

7. 你是否明显感觉到孩子在家里表现得更活跃、更外向？

极少　　　　有时　　　　经常

8. 孩子是否不愿意去幼儿园？

极少　　　　有时　　　　经常

9. 当孩子知道自己做错了时，是否不愿意承认错误？

极少　　　　有时　　　　经常

10. 在家庭教育中，你是否能做到恰如其分地表扬或者批评？

极少　　　　有时　　　　经常

计分方法与结果评价：

第一步：1~9题，选择"极少"得1分，选择"有时"得2分，选择"经常"得3分；第10题，选择"极少"得3分，选择"有时"得2分，选择"经常"得1分。

第二步：将各题得分相加，得到总分。

第三步：总分在18分以上，孩子有较强的"蛋壳心理"，抵御挫折的心理素质较弱，需要有针对性地加强此项教育。

总分在10分以下，孩子有较好的抵御挫折的心理素质，对负性环境有较强的适应能力。

总分为11~17分，孩子的心理素质在上述评价之间。

帮助孩子克服惰性

> 懒惰，是进步的大敌。要想在学业上取得进步，消除惰性是必须的。

△适宜孩子
喜欢"拖作业"的孩子。

△学习问题
"拖作业"养成习惯，经常不交作业，不做相应的练习，课堂上学的知识掌握不好，学习成绩落后。

△经典案例
小刚刚上二年级，可他总爱拖作业，能不做就不做。每到周末，先是疯玩两天，到了最后才意识到自己没有做作业，着急一会儿还是不想做。所以到周一交作业时，总不交。时间一长，也就养成了习惯，把不做作业当成一种"明智"的举动。老师找过他几次，他总说要改，可一到周末，就又想玩，不想写作业了。

△心理咨询
所谓惰性，就是一种不想改变不良嗜好和不良习惯的苟且偷安的行为。由于不良嗜好和不良习惯对个人的影响是潜移默化的渐进过程，就为人提供了侥幸的心理基础。惰性的一个重要特征就是拖沓。表现在孩子的学习上最明显的就是"拖作业"。

△指导计划

要让孩子战胜惰性，家长可从以下3个方面引导：

1. 要让孩子的惰性没有乘虚而入的可能。诸如早上起床这样的事是没有任何折扣的。要让孩子想尽一切办法不去拖延，在知道自己要做一件事的时候，立即动手，绝不给自己留任何余地。对付惰性最好的办法就是根本不让惰性出现。往往在事情的开端，头脑中冒出"我是不是可以"这样的问题时，惰性就出现了，所以要在积极的想法一出现时，就马上行动。

2. 孩子应制订一个从早晨起床到晚上熄灯睡觉的作息表，在作息表里明确写上自己的日程安排。

3. 父母可以利用寒暑假给孩子尽可能多的自由，并要求他对自己的自由负责。有必要的话，应用心设计训练孩子自制力的计划，帮助他控制自己的惰性和欲望。父母不仅要要求孩子，而且自己也要参与，至少在孩子面前应该表现得富有自制力，信守承诺，充满责任心。

△亲子互动

帮孩子走出惰性

互动准备：

1. 一个计时器（超市里卖的那种厨房用计时器就很好），也可以是一个计时器软件。

2. 一个简化过的行事列表。

互动过程：

（10+2）×5 是这么来的：

*10：在 10 分钟内全心全意只做一件事情，100% 投入学习状态，时间到了再休息。

*2：10 分钟一到，休息 2 分钟，喝喝茶，浏览下网页，干什么都行。但是两分钟一到，立刻回到学习状态，开始列表中的下一件事。

*5：一个小时内刚好把这种方式循环 5 次。

重要原则：

* 孩子不需要在 10 分钟内非得完成要完成的作业，只需要取得进展就可以。

* 如果还没到 10 分钟就完成了，停止，休息 2 分钟，然后再进入下一个 10 分钟。

* 不要跳过休息时间！时间一到必须休息。

互动效果：

孩子可以度过充实高效的一小时学习时间。

让孩子改掉"三分钟热度"

> 埋头做事,贵在坚持。埋头做一件事,其实不难,但能坚持每一件事都埋头做,那就需要坚持的毅力了。

△适宜孩子

学习没常性的孩子。

△学习问题

学习只是开头热情十足,虎头蛇尾,坚持不下来,最后对学习完全失去兴趣,学习成绩下降。

△经典案例

帆帆妈妈最近对孩子的学习感到不安,因为帆帆学习缺乏坚持性。今天想学画画,就送绘画班学习;一段时间以后又想学剑桥英语,帆帆妈妈觉得也该学,于是又为孩子报名了。可突然帆帆怎么也不想学绘画了,怎么说也无用,只好放弃。剑桥英语最近学的内容有难度了,孩子又想放弃。帆帆妈妈觉得这样下去帆帆什么也学不会。

△心理咨询

心理学中,意志坚定性是指一个人长时间地保持充沛的精力和顽强的毅力,坚持不懈地行动,以达到预期的目的。意志坚定性有与精力和毅力联系密切，精力即一个人从事各种活动的紧张度，毅力则是一个人从事各种活动的持续度。

要完成学习任务，达到预期的学习目的，孩子就必须认真克服困难和解决问题。只有在学习中不断地克服困难和解决问题，才能增长智慧和才干。克服学习中的困难和解决学习中的问题，关键是靠坚强的意志和良好的性格，即遇到困难也要有坚持到底的精神。如果在困难面前表现出懒惰、浮躁、骄傲或自卑，学习就会丧失方向、没有劲头，学习效果就不会好。因此，学习是需要意志坚定性的。

△指导计划

怎样才能让孩子具有意志坚定性呢？家长可从以下3点进行指导：

1. 激励是坚持学习的源动力

对于孩子来说，探究动力源自他们对探究活动的兴趣。一些新鲜的、未知的、好玩好看的、满足探究欲望的事物往往能够激发孩子的探究兴趣。

2. 分享是坚持学习的长效剂

孩子在探究过程中如果有了收获，都有一个共同的欲望——第一时间要告诉同学、家长或老师，让大家一起来分享，也显示显示自己的本领。家长在教育孩子时要充分运用"分享"这个长效剂促使孩子坚持学习。

3. 指导是坚持学习的保障

孩子的探究活动（特别是在课外进行的）都是随意性比较大的，可能有的孩子的活动目的不是十分明确，活动只停留在形式上，或凭兴趣做一做就算完成了，也不去分析实验的结果是对还是错，拿到实验的数据也不会研究一番，这是没有坚持学习的表现。所以，家长的引导是完成探究活动的保障，是孩子们坚持学习的保障。

△亲子互动

看看孩子学习的坚持性

孩子在学习中具有坚持性吗？家长可以参照以下活动中孩子的表现。如果和后面表现一样的，说明孩子的坚持性很好。

1. 上课时，遇到不懂的内容

    表现：反复思考

2. 遇到难题，心情迫切地解答出来

    表现：有喜悦和成功感

3. 吃力地解出一道难题

    表现：觉得有意思，还要去解比这更难的

4. 对不喜欢的学科

    表现：努力去学

5. 受到别人或别的事情干扰

    表现：能继续学习

6. 学习时间稍长

    表现：还能专注地看，不觉得累

7. 学习中不懂的内容

    表现：马上查资料，动脑筋解答

8. 学习感到疲劳时

    表现：不肯休息放松一下，一心想尽快完成任务

9. 制订学习计划

    表现：按计划实施

10. 课外辅导资料

    表现：从头看到尾

第四章
自主学习要先调整好心情

一份美好的心情，比十服良药更能解除生理上的疲惫和痛楚。学习是脑力劳动和体力劳动的结合。所以，学习中，孩子更要保持好的心情。

克制怒火才能更好地学习

> "冲动是魔鬼",学习中更忌冲动,只有心态平和才能安心学习。

△**适宜孩子**

脾气暴躁的孩子。

△**学习问题**

学习中遇到一点问题就喜欢发脾气,导致思路被打断,还是解不出题目。

△**经典案例**

陈妈妈说:"我儿子小时候很可爱,很招人喜欢。自从上小学以后,就学会了发脾气,脾气一来,九头牛也拉不回。只要他想干什么或想要什么,就必须立即满足他,否则,他就哭闹、打滚、扔东西或毁物品,甚至自残——用头撞墙或用手拍打自己的脑袋。特别是在做作业时,遇到一道小题不会,不是耐下心来理清思路找解决方法,而是摔作业本,摔铅笔,还对我们大喊大叫,真不知道他为何因一道小题而发这大脾气。"

△心理咨询

有的人很容易激怒，一触即发；有的人永远一副受气包的模样，实际上是把愤怒压在心底；有的人在这里受了气，却到别处发；有的人明明是自己错了，却先冲人发火，转嫁责任。对于愤怒，不同的人有不同的处理办法。

心理方面的培训，其中很重要的一个就是"情绪管理"，而情绪管理中尤为受欢迎的培训是愤怒的管理。愤怒情绪是我们平常最难处理的一种情绪。对于孩子的愤怒情绪，我们不应否认或一味压制它。当然，我们也不希望孩子随意地发泄愤怒，以至于培养出一个"暴君"来。

△指导计划

家长该如何消除孩子的愤怒情绪呢？

1. 了解情况，表示理解

当发现孩子生气的时候，家长首先要问清楚原因。

2. 露出笑脸，给予拥抱

温和的笑脸往往能使孩子的盛怒降温，减少敌对情绪。家长在了解孩子发怒的原因后，最好缓和一下气氛，给孩子一个轻松温和的笑脸，这样有利于随后进行冷静的讨论，使情况好转。

3. 合理表达，树立榜样

就算是有合理原因的愤怒，也要建议孩子用合理的方式表达出来。允许他用语言大声讲出来，但不能用动作来泄愤，要绝对禁止孩子在发怒时打人或摔东西；应鼓励孩子直截了当地表达自己的愿望，而不是用委屈和抱怨的消极态度。

4. 释放愤怒，转移注意力

孩子的情绪往往瞬息万变，让他将注意力适时地转移到其他事情上，可以有效地进行自我调节。

△亲子互动

摆脱愤怒五部曲

第一步，让孩子坐在一张舒适的椅子上，从脚趾开始放松，直到头顶，让他感受到自己身体的每一部分都放松了。然后，在心中默念："我的脚趾放松了，我的手指也放松了，我的脸颊、额头都在放松。"

第二步，让他把心想象成暴风雨中的湖面，波涛汹涌、浪花飞溅、声如洪钟。

第三步，暴风雨过去了，波光粼粼的湖面如同一面镜子般宁静。

第四步，让他想象曾经看到过的最美丽、最幽静的景色，比如日落时的树林，清晨寂静的深邃山谷，正午的森林，或者是在云朵中穿梭的月亮。让这些景色在他的记忆中重新复活一次，也可以回忆他曾经闻到过的大海的淡淡咸味、花草阵阵的清香。

第五步，让他把一系列表达安静、平和的字眼，比如"宁静""沉着""缓缓"等词轻轻地重复念出，并想象与之相应的音乐节奏。当心情平静以后，他就能够以理智的心态去面对困难，再也不会因为一道小题而恼火了。

　　心理专家认为，我们的愤怒情绪大多是由于沟通不畅造成的。家人之间应尽量创造机会，心平气和地表达自己的意见，同时也给对方表达意见的机会，这样才能使双方更好地彼此了解。

以平和心情面对重要考试

> "考场如战场"本是让孩子重视考试，而家长说者无意，有些孩子却听者有心了。

△适宜孩子

　　考前情绪紧张的孩子。

△学习问题

　　被"迎战中考"等口号压得情绪紧张，没办法专心复习。

△经典案例

　　都说迎考就是迎战，就连教室里也贴着"迎战中考"的警语。所以，学习成绩一直处于中等的小玉，成绩不但没有进步反而有所倒退，于是思想上的压力也越来越大。

△心理咨询

　　"考场就是战场"，这种口号从重视考试的角度来说，似乎没有什么不妥，但作为一种对待考试的导向，从心理层面看，似乎措辞过于激烈,容易对考生产生误导。

一般而言,情绪紧张度太低,缺乏强烈动机,认知活动的效率就不高,只有保持适度的情绪紧张度,才有助于提高认知活动的效率。就中学生目前普遍的学习情况看,一般在对待考试的问题上,情绪紧张度过低的情况并不多见,令人忧虑的倒是情绪紧张度过高,造成大脑过于疲劳,降低了大脑认知活动的效率。所以,孩子在考试时就会出现大脑一片空白、理不清思路的情况。

△指导计划

对于家中有考生的家长来说,与其天天在孩子面前说"考场如战场"增添孩子的压力,还不如按如下方法让孩子"呼出"紧张情绪,为其瘦弱的肩膀减负。

向孩子解释"清肺呼吸"的基本知识:

首先,要深吸气——实际上,只是尽力吸入一大口空气。其次,要屏住这口气,慢慢地从1数到5。最后,告诉孩子到了精华部分,要很慢很慢地把气呼出,直到完全呼尽。告诉他这样做将会扫除体内的紧张。

示范清肺呼吸,然后让孩子做两三次这样的呼吸。问一下孩子对清肺呼吸感觉如何。不出意外,孩子会说轻松多了,你也真正为孩子减压了。

最后,和孩子展开讨论:在什么样的场合下,清肺呼吸是有用的?有什么好方法来对付紧张情绪?

可以将这次小互动作为孩子的一个好习惯来培养,让令他神清气爽的深呼吸成为他早晨例行活动的一部分,为一天的学习和生活做好准备。

◇亲子互动

面对考试,孩子是否过于紧张

让孩子做一做下面的测试,就可知道他的考试紧张程度了。

1. 晚上睡觉时,你经常牵挂明天的功课吗?( )

2. 当老师在课堂上提问时,你会因老师可能要点到自己而不安吗?( )

3. 当老师宣布要考试时,你感到紧张吗?( )

4. 当你考得坏成绩时,一直记挂在心吗?( )

5. 你经常担心自己的功课不好吗?( )

6. 考试时,你经常为想不出很熟悉的问题而苦恼吗?( )

7. 考完试后,老师改卷子期间,你一直都在担心吗?( )

8. 一遇到考试,你便为自己将会考坏而担心吗?( )

9. 你是否曾经盼望过,考试如果能顺利过关该多好?( )

10. 正在做的事情,在没有完成之前,你是否经常会有"难以成功"的感觉?( )

11. 当在众人面前朗读时,你是否会因担心自己念错而焦虑不安?( )

12. 你对自己的学习成绩很担心吗?( )

13. 你认为自己比别人更加忧虑自己的功课吗?( )

14. 你是否做过取得坏成绩的梦？（ ）

15. 你是否做过由于功课差而被父母或老师批评的梦？（ ）

让孩子逐题阅读，考虑每一个题目是否符合自己的情况。如果情况符合，就在题后面的括号里画"√"；不符合，就画"×"。让孩子尽快回答每一个问题。

计分方法：画"√"得1分，画"×"得0分。总分越高，说明孩子焦虑越严重。

紧张度适中才能在考试中正常发挥

> 俗话说："井无压力不出油，人无压力轻飘飘。"但在考试中，孩子的压力过大只会被压倒，从此站不起来。

◁适宜孩子

考试中压力过大的孩子。

◁学习问题

由于压力过大，导致考试时想得太多而分散考试答题的精力，本来会的题目也做错。

◁经典案例

叶叶在考试中遇到费时费力思考的题目，能按照先易后难的策略暂时避开，放到最后再来解决。可是，她发现在答后面的题目时，脑子里总是闪动着前面难题的影子，总觉得没答好的题是一块心病，无法专心于正在解答的题目。

△**心理咨询**

这是考生应试时普遍存在的一个问题。产生这种情况，主要还在于考试本身对考生所形成的无形的心理压力过重的缘故。由于思虑过多、患得患失，做着后面的题目，还想着前面的题目，因而无法顺利地解答试题。又担心考砸了后果严重，思维处于混乱状态，所以无法专心去答题。

很多考生的压力是在考前就表现出来了，一直带入考场中。这是一种情绪惯性的表现。要使考生考试时放松，关键还是在考前就把他的心理调整到最好，让这种放松的情绪状态伴随他进入考场。

△**指导计划**

家长可以从以下几个途径帮助孩子在考前放松心情、消除压力。

1. 让孩子享受美食

碳水化合物能调节大脑中细胞反应的次数，从而使全身达到放松的效果。可以让孩子多吃一些自己喜欢吃的零食，使体内的卡路里达到适当的水平。

2. 经常让孩子问自己两个问题

（1）我的反应合适吗？

（2）情况可以改变吗？

3. 让孩子进行适度体育锻炼

锻炼可以缓解焦虑和沮丧的情绪,但要注意不要使锻炼本身成为一种压力,即使是每天30分钟的散步,也是如此。最好是和孩子一起散步,效果更好。

4. 让孩子多给自己一些自由时间

让孩子每天留出半小时做自己喜欢做的事情。

5. 让孩子经常做深呼吸

在学习休息时,可以做一些"迷你"锻炼,比如用腹部呼吸,可以使肺部扩张,同时增加大脑所需要的氧气。

6. 学会幽默

一阵轻松的笑可以使孩子肌肉放松、血压降低,并能抑制与紧张情绪密切相关的激素的生成,同时亦可以强化他的免疫系统。

当他感到学习压力很大时,不妨让他想一想最喜爱的喜剧演员在遇到这种压力的时候会如何应付。

7. 常饮绿茶

很多饮料如咖啡、可乐等,大都含有咖啡因,这种物质往往刺激人的神经系统,更容易使人产生紧张情绪。如果孩子想喝点提神的东西,那么不妨让孩子选择绿茶。

纠正各种课堂不良习惯

> 上课的各种不正常的行为来自对课堂的恐惧，对课堂的恐惧来自对学习的恐惧，对学习的恐惧来自对自己的不自信。

△ **适宜孩子**

一上课就想上厕所的孩子。

△ **学习问题**

对学习有种厌倦、恐惧情绪，导致一上课就想上厕所，严重影响听课效率。

△ **经典案例**

最近，几个任课老师都向班主任张老师反映，他班上的小磊同学最近总是在上课期间上厕所，扰乱了课堂秩序。为此，张老师找来了小磊的父母，和他们谈了小磊的情况，并把小磊叫来了解情况。小磊说："我现在一听见上课铃就心慌，然后就很紧张，一紧张就想上厕所。有时候课间明明上过，可还是觉得想上。老师，我不是故意捣乱的。"

△ **心理咨询**

为什么孩子一上课就想上厕所呢？首先要分析一下，是生理原因,还是心理原因。一般情况下,间隔2~3个小时上一次厕所是正常的。如果不是生理原因,就不用去看医生。

从心理上分析,孩子很可能对上课有恐惧感或厌烦情绪,下意识里有躲避上课的想法。这种情况常常出现在开学初期,因为开学初期要适应新的老师和同学。或者放假期间在家里精神上比较轻松,开学一下子紧张起来,还没有适应,导致一上课就紧张,一紧张就想上厕所。

如果孩子是小学一年级的同学,也许这是正常现象。因为刚刚从幼儿园出来,还不适应学校的作息时间,身体内的生物钟也需要一个调节过程。不过,到了高年级上课时还出现这种情况就不正常了。

△指导计划

碰到这种情况,家长要教孩子学会自我调节。可以按下面的办法试一试。

第一,让孩子上课以前一定要去一次厕所。就算在课间休息时间没有感觉,也还是应该去一次。这样就能让孩子先在心里告诉自己:"我刚才已经上过厕所了,什么问题也没有。"

第二,教孩子放松心情去熟悉新老师。每个人从小到大,会在各种不同的环境里,认识许多不同的人,都有从生疏到熟悉的过程。

第三,如果还出现上课就想上厕所的情况,可以让孩子在上课以前就跟老师打个招呼,征求老师的同意,让孩子上课时可以悄悄地去厕所。

让羞怯的孩子建立自信

> 羞怯对孩子来说是一堵墙，隔开了他与外面的世界。

△**适宜孩子**

上课害怕回答问题的孩子。

△**学习问题**

对自己不信任，总害怕上课被老师提问，于是设法逃避老师提问，导致课堂上神经紧张，听不进老师讲课。

△**经典案例**

小勇今年上小学四年级了，他学习成绩差，不喜欢与他人交往，更不愿与同龄的孩子一起玩耍，特别害怕课堂讨论和回答问题，每次老师提问时他总把头低下，生怕被老师叫起来。有时被提问，也说话结巴、全身冒汗。平时他也不愿在公众场合抛头露面，做什么事情都要父母陪伴，不能单独外出，怕见陌生人。在陌生人面前不知如何应对，说话爱低着头，声音比较小，爱脸红。

像小勇这样的孩子有很多，他们表现出来的是一种羞怯。

△**心理咨询**

从心理学的角度看，羞怯是一种情绪。每个人都有过羞怯的经历，这是正常的，只是羞怯的程度和时间的长短不一样罢了。有的人到成年以后还摆脱不了羞怯，以致形成"对人恐惧症"。应该重视孩子的羞怯体验和行为，如果父母对孩子的羞怯不当一回事，那羞怯将有可能伴随孩子终生。其实，羞怯的本质就是一种不自信。

△ **指导计划**

家中若有羞怯的孩子，家长该如何帮他们走出羞怯的阴影呢？

1. 要多给孩子以抚慰

离开母体，孩子就以一个独立的个体存在，随之就慢慢形成自我的意识。家长可以采用拥抱法，多多抚慰羞怯的孩子。有一位心理学家说过："成人每天要有四个深情的拥抱，孩子每天要有20个拥抱才能达到心理平衡。"

2. 要多给孩子以鼓励

每个孩子都希望得到别人的肯定和表扬。胆怯的孩子更需要，他们本身就自责、缺乏勇气，在做某件事之前，预见的是自己不行。如果这时给他一些鼓励，增加他的勇气，他会把事情做得很好。

3. 要给孩子一个温暖的家庭氛围

平等、理解、温馨的家庭环境能给孩子勇气和自信。克服孩子的羞怯，要有这样的环境。在孩子面前不要滥用家长权威，尤其是对易羞怯的孩子。家里的事尤其与孩子有关的事，要多征求和尊重孩子的意见。

4.要鼓励孩子交朋友

结交朋友是孩子社会化的一种表现。羞怯的孩子,往往担心别人瞧不起自己而不去交友。这时家长就应该鼓励他,首先让亲朋好友或比较熟悉的孩子与他一起玩,克服他交往的恐惧心理,然后再鼓励他在同学中交朋友。当孩子带朋友到家中时,家长要表现出热情,别不当一回事,以增加他的勇气。

亲子互动

培养"冒险"精神

你的孩子有冒险精神吗?也许你的孩子有许多担心,害怕自己做不到反而失掉自信心。这里有一些小训练,能帮助孩子克服自我设限。

1.让孩子完成一件自己认为根本不可能的事,比如起个大早看日出,给家人做一次"大餐",等等。不要事先给自己设置障碍,目的就是完成它!

让孩子写下他的感受:＿＿＿＿＿＿＿＿＿＿＿＿＿＿＿＿

2.让孩子把自己多年来积压不敢说出来的意见直接告诉家长、朋友或老师,如果他害怕,让他把他认为最坏的结果写出来。

＿＿＿＿＿＿＿＿＿＿＿＿＿＿＿＿＿＿＿＿＿＿＿＿＿

＿＿＿＿＿＿＿＿＿＿＿＿＿＿＿＿＿＿＿＿＿＿＿＿＿

然后,让他一定要真诚、坦率地把自己的想法说出来,对照上面他自己预料的结果,让他思考,真的有他想象中的那样糟糕吗？

杰出和优秀需要冒险。让孩子勇于打破樊篱，把深层次的潜能发挥出来吧。

让孩子学会减压

> 升学、排名无论对于学习好还是不好的学生来说，都是一种无形的压力。我们该为孩子减压了！

△ **适宜孩子**

学习压力大的孩子。

△ **学习问题**

由于感到学习压力大，吃饭、睡眠都受到影响，成绩糟糕。

△ **经典案例**

光光是初三年级的学生，还有几个月就要中考了，最近他一直失眠，吃饭也没有胃口，虽然妈妈每天都挑他喜欢吃的做，他还是不想吃饭。他总觉得自己压力好大，总跟妈妈说自己好像背了好几座大山。一次模拟考成绩出来了，成绩还不如以前。眼看中考一天天来临，成绩却只退不进，而父母对自己的期望又是那么高，一定要考上重点高中，所以光光觉得生活很压抑，几乎喘不过气来。

△ **心理咨询**

压抑是一种情绪，心理学上专指个人受挫后，不是将变化的思想、情感释放出来，而是将其压抑在心头，不愿承认烦恼的存在。压抑能起到暂时减轻焦虑的作用，但不是完全消失，而是变成一种潜意识，从而使人的心态和行为变得消极和古怪起来。心理压抑有如下特点：

1. 内向性

当个体与外部现实发生矛盾时，个体不是积极地调整与外界的关系，而是退缩、回避矛盾，退回到个人的主观世界，自我克制、自我约束、息事宁人，以求得心灵上的安静。

2. 消沉性

回避矛盾不等于解决矛盾，只要矛盾存在，就不可避免地使个体体验到不愉快的情感。这种感情与日俱增，逐渐使整个心理消沉下去。

适度的压力是一种动力。作为学生，学习本身就是一种挑战、一种竞争，就不可避免地带来压力，因此要学会聪慧地调节压力，如果像光光一样压力过大，不但会影响学习，甚至长期积淀后还会形成心理疾病。学习压力过大，一般都会伴有焦虑、心烦气躁，有时还会头痛、失眠。

△ **指导计划**

对于家有考生的家长来说，可能大多数家长都会遇到孩子说自己压力大的情况，下面就提供几个途径，为孩子减轻学习压力：

（1）压力总是对没有自信的人造成伤害，它就像弹簧，你弱它就强。因此要让孩子时常激励自己，增加自己的信心。

（2）多和孩子交流。让孩子把遇到的困难和挫折，都说出来，这本身就是一种对压力的宣泄，说不定会从中受到某些启发，得到有力的指导呢。

（3）如果学习压力过大，孩子感觉已无法忍受，不妨让孩子暂时中止学习，到户外走一走，透透气，可以大喊几声，也可以顺着小路跑上几圈，充分放松，或是找一些他喜欢做的事让他做。

第五章

学习好离不开健全的个性

人不必羡慕他人的才能，也无须悲叹自己的平庸，各人都有自己的个性魅力。最重要的，就是认识自己的个性，而加以发展。对于孩子来说，认识个性，加以发展，才能提高学习效率，取得好成绩。

消除孩子的厌学因素

> 莎士比亚说:"学问必须合乎自己的兴趣,方才可以得益。"对于逃避学习的孩子,必须找到其厌学的根源而加以矫正。

△**适宜孩子**

厌学的孩子。

△**学习问题**

因为在学业上没有成就感导致讨厌学习,因为对学习没有兴趣而逃学,每次考试排名很靠后。

△**经典案例**

小辉今年上初一,自从他上了初中后,对学习就越来越提不起兴趣,放学后总是和几个同学在外面玩到很晚才回家,问他去哪里了,他也不说。最近,小辉妈妈从班主任老师那里得知,他竟然开始逃学,和几个调皮的同学经常在网吧玩。现在,小辉妈妈面对自己逃学的孩子不知如何是好。

△**心理咨询**

厌学乃至逃学是一种较为复杂的行为问题,无论什么原因引发了孩子的这些行为，都说明他们本身存在一定的心理问题。

具有逃学行为的孩子经常会以"肚子痛""有人要打我""老师要批评我"等理由，要求家长允许他们留在家中。在家长不同意或估计家长不会同意的情况下，他们也不去学校，而是徘徊于大街小巷，流连于书摊、电子游戏室、网吧等处，直到放学时间到了才回家，也有少数孩子数日不回家。

一些学习成绩差、经常逃学的孩子还会产生一定的破坏性。由于成绩差，他们的自尊心很少受到别人的关注和重视，刚开始会感到惭愧、内疚，继而发展为毫不在乎。同时，他们会寻找别的途径来表现自我，如破坏纪律出风头、与老师对着干等。

△**指导计划**

碰到孩子厌学乃至逃学的情况，家长切忌情绪冲动，不问青红皂白就对孩子进行教训。这很有可能将孩子原本不多的求学热情扫荡得干干净净，也容易使孩子因怕被打骂而撒谎。此外，如果家长教训得太重了，就会给那些不良分子以可乘之机，使孩子更快地向那些人靠拢。正确的做法是来个"冷处理"，先平息自己心中的怒气，然后再积极地去了解孩子逃学的原因，弄清原因，才能"对症下药"。面对孩子的逃学行为，家长可以从以下几方面入手，引导孩子转变：

1. 家长要改变教育方式

不要对孩子求全责备，要正确估计孩子的实际能力和水平，不要在学习上对孩子施加太大的压力，否则会适得其反。

2. 培养孩子的意志和毅力

心理学研究表明,拉大智力差距的主要原因不是智力本身,而是包括学习欲望、毅力、自信心等内在的非智力因素。因此,培养学生的意志和毅力能使他们把学习中遇到的每一个困难,都当成锻炼和考验自己的机会。

3. 保护孩子的自尊心和自信心

对有厌学心理、逃学行为的孩子,应尽可能找到他们的优点,多鼓励、多肯定,使他们在心理上获得平衡,把在学习上失去的兴趣重新找回来。一个赞许的目光、一句得当的表扬,都会使孩子感到受重视的喜悦,增长自信心,并对学习产生越来越大的兴趣。

4. 家长与老师要密切配合

设法消除造成孩子逃学的家庭及学校中的不良影响因素,对造成逃学的社会因素也应给予正确的引导。

要教育学生懂得"不学无术"在社会上终究是不可能立足的,社会要进步,最终还是要靠知识和技术。对个别可能受流氓团伙影响、行动诡异、逃学次数较多的孩子,要及时注意解决,保护孩子不受侵害。

消除嫉妒这个学习的"拦路虎"

> 学习是自己的事,许多孩子喜欢拿别人的成就来惩罚自己,最后只会走入狭隘的角落。

△**适宜孩子**

嫉妒心强的孩子。

△**学习问题**

讨厌比自己更优秀的同学,视其为"眼中钉"。时间一长,学习变成与别人比,成绩反而下降。

△**经典案例**

小华是初三年级学生,性格比较孤僻,学习成绩不错,但很反感别人比她强。小丽学习好,性格开朗大方,人长得也很漂亮,很多人喜欢围着她转。所以小华就视小丽为"眼中钉"。

对小华来说,别人考试通不过,她特别高兴;若成绩比她好,她便不高兴,自尊心特别强,嫉妒心也特别强。

△**心理咨询**

现在很多孩子都像小华一样"看不得别人好",只想自己是全世界最棒的,谁要超过自己就视谁为"仇家"。这是嫉妒的典型表现。

嫉妒是阻碍孩子前进的拦路虎,一个人如果对别人产生了嫉妒心理,那么他必然满脑子都是忧愁怨恨,结果只能是徒生烦恼。如果任凭嫉妒在心中滋生,嫉妒心理就会恶化为嫉妒行为,最终害人又害己。

△指导计划

对于家长来说,怎样帮孩子克服嫉妒心理呢?

(1)让他们学会正确评价自我,真正了解自己。

(2)指导孩子把精力把用到学习中去,发挥自我优势。英国学者培根说得好:"一个埋头干自己事业的人,是没有工夫去嫉妒别人的。"

(3)密切交往,加深理解。多和孩子交流,谈学习、谈家常,多让他们参加文体活动,开阔视野,调节好生活。如果嫉妒心萌发,应让他们立即转移环境,投身于自己最喜爱的活动中去。

△亲子互动

第二名的骄傲

第一次登上月球的航天员,其实共有两位。除了大家所熟知的阿姆斯特朗之外,还有一位就是奥德伦。在庆祝登陆月球成功的记者会上,有一个记者突然问奥德伦一个很特别的问题:"让阿姆斯特朗先下去,使他成为世界上登陆月球的第一个人,你是不是感觉到有点遗憾?"在全场有点尴尬的注目下,奥德伦很有风度地回答赢得了大家最热烈的掌声。

问孩子如果他是奥德伦,如何回答呢?

互动解析

奥德伦是这样回答的:"各位先生,请不要忘记,当航天器回到地球时,我可是最先走出太空舱的。"他环顾四周笑着说,"所以我是从别的星球来到地球的第一人。"

可以说,奥德伦也是真正的成功者!他的成功在于他懂得笑对人生。所以,家长应该让孩子学会欣赏别人的成功,不要制造那么多"眼中钉",要学会从心里给别人送上热烈的掌声。

平和自信地面对竞争

"常胜将军"从古至今就是不存在的。可许多学习好的孩子只想自己一直坐常胜将军的宝座,总怕哪天被赶下台。

△适宜孩子

学习很好但得失心太重的孩子。

△学习问题

虽然成绩很好,但天天处于担心中,怕别人超过他,所以不能全身心投入学习,成绩下降。

△经典案例

小亮是初中二年级的学生,他的学习成绩还不错,但他总是怕别人比他学得好。特别是每次解数学题时，他不知不觉中形成了一种习惯，总要看看别人做出来了没有。如果他做出了一道题，别人也做出来了，他就感到很不是滋味。如果别人做出来了，他还没有做出来，就十分烦躁，觉得丢脸，很久不能静下心来做题。他特别怕不如他的同学做出了他没有做出的习题。时间一长，他只是在和别人比来比去，根本安不下心来做题，自己也因此变得一做题就心烦意乱。

△ 心理咨询

不愿意看到别人比自己学得好，希望别人总不如自己，在许多孩子身上常有所反映。这是一种不健康的心理，它包含着一个人对先进者、成功者的妒忌，或者隐含着对别人超越自己的担心甚至恐惧，也反映了一个人的自私和心胸狭窄。倘若任其发展下去，对人、对己都是有害无益的。

对有些同学而言，也许问题并没有这么严重，只是爱面子、虚荣心使然，他们担心别人超越自己，使自己丧失了原来"领先"的地位。但爱面子、虚荣心的背后，可能隐藏着不自信。

△ 指导计划

家长如何才能让孩子放平心态呢？主要有以下4个途径：

1. 多给孩子肯定和赞美

家长和老师对孩子的长处要给予由衷的肯定和赞美，赞扬和理解可使孩子心中充满安全感、满足感和快乐感，大大增加孩子的自信和自尊，使他们心胸变得开阔、大度。

2. 充实孩子的精神生活

孩子当然要将主要精力用在学习上,但闲暇时间应注意培养其广泛的兴趣爱好,如舞拳弄剑、吹拉弹唱、挥毫泼墨等。多引导孩子从事有益身心的活动,可使他们的精神生活变得充实,情绪愉悦,赶走嫉妒之心。

3. 培养孩子宽容的品质

凡是有嫉妒心理者,往往心胸狭窄,以"我"为中心。因此,要去除这一心理弊病,必须让孩子走出自我的小圈子,克服狭隘偏见、傲慢自大等缺点,加强自我道德修养,不与小人为伍,学会事事处处接纳他人、理解他人、信任他人。

4. 要让孩子懂得如何公平竞争和调整心态

当别人比自己强时,应激励自己,奋发图强,努力赶超,以积极的心态迎接挑战,并从中体会到竞争的乐趣。

△亲子互动

你的孩子自信吗

问孩子这样一个问题:

很久以前,狮子还不是森林之王,每年的森林之王是在竞选中产生的。虽然狮子实力强大,但这一年,却被老虎抢走了王冠。看着群兽簇拥老虎扬长而去,狮子会怎么想呢?

A. 老虎根本就不如我,它肯定是做了手脚才取胜的。

B. 凭我的实力,明年我还会是森林之王的,这次何必与老虎计较。

C. 这口气一定要出，看我明年怎么赢它个天翻地覆。

测试结果：

选 A：他的嫉妒心非常重，虽然表面上看很自信，但内心未必这样。他时常会在遇到挫折时怀疑自己的能力，而且无法控制自己强烈的嫉妒情绪。

选 B：他是一只超脱的狮子，也是一只自信的狮子。他的自信消除了嫉妒的存在，即使在偶然情况下仍然会犯错误，但不会削减他的高度自信，因为他对自己非常了解。

选 C：他有中等程度的嫉妒心。他的性格比较倔强，有点争强好胜，同时他对自己的能力非常自信，通常经过努力他的目标都会达到。

让孩子学会正视批评

> 表扬固然动听，中肯的批评对自身的进步和完善更有裨益。

△适宜孩子

"顺毛驴"式的孩子。

△学习问题

学习中只让说好不让说不好，抵制批评，认识不到自己的缺点，学习中的坏习惯一直延续，学习成绩迟迟无法提高。

△**经典案例**

珍珍今年10岁了，上小学三年级，各方面的表现都很不错，就是特别喜欢被表扬。在家里，不管她干什么事情，如果爸妈不及时给予表扬，或者说表扬得不到位，她就会非常不高兴，情绪一下子就从山顶跌入山谷。久而久之，如果家长不表扬她，她干什么都索然无味。家长摸准了她的这种脾气，平时也动不动就表扬她，哪怕她只做了一些微不足道的小事，或者是取得了芝麻大点的成绩。但令人担忧的是，珍珍习惯了表扬，根本无法接受一点点善意的批评。有时候，当她在学习或是在生活中做得不太好，家长耐心地提醒她，也会惹得她不乐意。据老师反映，她在学校里也如此。明明是她粗心做错了题，老师点名提醒她，她的反应却异乎寻常的激烈，有时候甚至还会哭鼻子。

△**心理咨询**

古人说过："数子十过，不如奖子一功。"教育应贯彻激励和表扬为主的原则，这从心理学角度分析是很有道理的。人人都喜欢成就感，都希望自己的行为能够得到社会的承认和别人的赏识，而表扬正符合了人们的这种心理需要。表扬使人在心理上体验到一种成就感，表扬带来的是自尊心、自信心的增强，是一种积极的心理强化。但是，表扬要适度，过多地表扬会使孩子对表扬形成依赖，相反，对批评就会产生抵触心理。孩子一旦养成了只能听表扬，不能接受批评的坏习惯，对于孩子的健康成长是非常不利的。事实上,家长对孩子表扬的目的就在于让孩子确立起一种内部激励机制。也就是说,当孩子在某一方面表现得好时,通过表扬能够促使孩子渐渐地不需要外部表扬就能获得自我的满足感和成就感,就能够帮助孩子在成人后树立自信心。也就是说,表扬的目的是为了最终的"不表扬"。

△指导计划

如何纠正一些孩子过分贪求表扬的习惯呢?

1. 尽量少用物质奖励

表扬是一门艺术,需要把握好表扬的技巧。小孩子心智发育还不成熟,他们的言行需要大人的表扬,从而增强自信心。但是,家长对孩子的表扬,一般不要使用物质奖励,因为物质奖励将促使孩子过早地贪恋物欲。一旦养成了习惯,没有物质性刺激,孩子就很难接受家长的教导。而且,如果父母向孩子的承诺因为各种原因而不能兑现,这将大大降低父母在孩子心目中的威信。

2. 刚开始表扬多一点,然后慢慢地减少

为了培养孩子的一些好习惯,比如按时完成作业等,起初,父母一旦发现孩子有进步了,一定要瞅准时机,着力表扬。慢慢地,等孩子在父母的表扬声中养成了习惯时,则需减少表扬的次数,而且,表扬的间隔时间要长一些。直到孩子取得了相当大的进步或成绩时,再对其给予表扬。只有把握好了这样的节奏,才能发挥表扬的作用。

3. 表扬要适度

父母表扬孩子时，一定要掌握好"火候"。当孩子的确取得了不小的成绩时，一定要不吝赞美之词。但表扬也不能过度，有些家长为了鼓励孩子，对孩子的表扬太夸张，这将促使孩子产生骄傲自满的心理。因此，对待孩子的表扬一定要适中，把握好轻重。

△亲子互动

批评的艺术

下面的这个活动可以由家长和孩子一起参加完成。

1. 小调查

请对比下面9种批评方式，在你喜欢的方式旁画个笑脸，在你不喜欢的方式旁画个哭脸。

命令式：上课不许讲话！

警告式：你再讲话就扣你的分！

建议式：上课应有安静的环境。

解说式：上课有安静的环境，学习才有成效。

责问式：上课怎么能这么吵！

讽刺式：我感觉像是到了猴山。

许诺式：你们上好这节课，就给你们每人一颗星。

启发式：上课如果有一个安静但又活泼的氛围，是否更好呢？

乞求式：请你们别闹了好不好？

2. 分享

（1）你能接受的批评方式有哪些？为什么？

（2）你最不能接受的批评方式有哪些？为什么？

3. 回忆

请讲一讲你所受到的最令你难以忍受的一次批评。为什么会让你难以接受？

帮助别人不会影响自己的学习

> "枯干的果树上，莫想摘取大甜梨；贪图私利的人，莫想做出好成绩。"学习是一个互动的过程，只有互相帮助才能在学习的道路上走得更远。

△适宜孩子

学习成绩好但较自私的孩子。

△学习问题

总怕帮助别人会影响自己的学习，表现得自私、冷漠，不受人欢迎。在班级中感受不到温暖，情绪低落，甚至导致成绩下降。

△经典案例

瑞瑞今年上初三，他的学习成绩在班上名列前茅，班主任老师特意把班里一位学习困难大的同学安排与他同桌，想在最后冲刺阶段，让瑞瑞帮助下那个后进生。可瑞瑞总很困扰，以为帮助别人会影响自己的学习。帮助人家还不如自己多做几道题目，要是因此成绩下降，中考失利，谁负责任？所以他心里很烦，甚至讨厌那个后进生和自己的老师，认为他们故意不想让自己学习好。

心理咨询

像瑞瑞这种，其实是孩子以自我为中心的表现。以自我为中心者为人处世以自己的需要和兴趣为中心，只关心自己的利益得失，很少关心别人，与他人关系疏远，不能和谐相处，且固执己见，不容易改变自己的态度。越是学习好的孩子越容易因以自我为中心而导致不喜欢帮助同学。

指导计划

针对这种情况，家长应让孩子明白两点：

1. 在帮助同学的同时，可以培养自己的集体意识和合作能力

在学习生活中，经常有人问题目的解法，交流学习方法，这也是一种社会交际。在这种交际活动中，如果孩子能热心、虚心、耐心，与别人一起琢磨学问、磋商方法，不仅帮助了别人，也能提高自己。

2. 在帮助同学的同时，也会加深自己的理解和记忆

在日常生活中，我们可能会有这样的体会：听到一件新鲜事，对什么人也不说，也许不出一个月就忘记了；假如把它讲给别人听，那就很长时间也不会忘记。在给别人讲题的过程中，相当于

自己又把知识温习了一遍，会让自己对该知识点掌握得更牢固。

⊿亲子互动

分享

游戏目的：让孩子学会合作与分享

参与者：孩子与邻家孩子或孩子的同学

游戏操作

1. 让所有参与游戏的孩子围成里外两圈，里圈外圈的人相对而站。

2. 家长说"开始"，所有人都伸出手指。如果你与对方都伸出一个手指，这表示你们是陌生人，并且不愿意交往，就将脸左转；如果你与对方都伸出两个手指，表示你们愿意相识，就握一下手；如果你与对方都伸出3个手指，表示喜欢对方，就双手握一下；如果你与对方都伸出4个手指，表示你们愿意分享对方的快乐，承担对方的痛苦，能真心实意地为对方付出，就拥抱一下。如果你与对方伸出的手指不一样，就不用做任何动作。

游戏点评

通过这个游戏，可以让孩子明白，为什么他们总是抱怨自己得到的太少，总抱怨生活中缺少朋友、缺少爱，因为他们常常只吝啬地伸出一个手指。生活中各种感情都是有来有往的，帮助别人才会得到别人的帮助。

让孩子为别人释放心灵空间

> 孤独对成长的孩子来说像一杯毒酒,喝得越多,中毒越深。

△**适宜孩子**

内向的孩子。

△**学习问题**

学习过程中独来独往,连讨论难题的伙伴也没有,活在自己的世界里,不喜欢与人沟通,遇到的难题得不到解决,考试中还是不会做,导致学习成绩难以提高。

△**经典案例**

小宝上小学三年级了,一次他和妈妈聊天,妈妈顺便问了一句:"你在班里有几个朋友?"他竟然说了一句让妈妈很诧异、很难受的话:"没有一个是我朋友,他们都喜欢惹我。"妈妈由此想到,从小他就喜欢自己瞎捉摸着玩,总是玩一些别的小孩想不到的东西,小的时候没觉得有什么,可是现在妈妈发现他不太关注周围的人和事,只关心他感兴趣的。别人都说他不合群,可他和陌生的小朋友也能一起玩,不过时间不长总会发生争执。前两天给他报了一个夏令营,其中一个较大的孩子说他和所有人都合不来,他一出现,别的同学就喊"鬼子来了"。小宝妈妈很担心这样下去，本来成绩就不好的小宝因为没人进行学习上的交流，成绩更得不到提高。

△心理咨询

小宝这种与周围同学合不来，看起来"不合群"的行为，是由孤僻的性格导致的。孤僻主要表现是不愿与他人接触，对周围的人常有厌烦、鄙视或戒备心理。这种人疑心重，易神经过敏；喜欢独来独往；总以为别人瞧不起自己，摆出一副了不起的样子。其实内心很虚弱，很怕被别人刺伤，于是把自己禁锢起来，不与人交往。如果别人真的不理他，他又认为自尊心受到了伤害。由于人际关系不良，孤僻者的内心很痛苦，情绪长期压抑，陷入寂寞、抑郁之中，精神消沉、颓废，长期孤僻易导致种种身心疾病。

孤僻性格产生的原因是多方面的，很多与幼年创伤经验有关，如父母离婚，使孩子遭遗弃，或缺乏母爱，家教粗暴，享受不到家庭温暖，等等。

这种性格与内向不同，它是由内外因共同作用形成的。父母要想让孩子合群，就要设法改变他孤僻的性格，让他能向别人敞开心扉。

△指导计划

1. 给孩子一个快乐的家

家长需要下大力气，在家里营造开朗乐观的气氛，让孩子可以说心里话，让所有困难都能在家庭的欢笑中迎刃而解。在家里培养孩子开朗的性格，孩子在学校就更容易和同学打交道，自然而然地和同学合作，一起解决问题。

2. 让孩子分担家务

家务活应该让孩子分担，可以让孩子帮父母做饭、收拾房间等，在欢笑中，让孩子学会与父母协作，这样孩子在学校就能与同学更好地配合。

3. 向孩子请教

父母若有困惑和烦恼，也可以请孩子帮忙出主意。无论孩子的主意是否有用，父母都应该尽量鼓励。这样孩子可以逐渐养成向别人请教的习惯，因为父母在家里就是这么做的。在学校他遇到学习上的难题，就不会羞于向周围的同学开口了。

4. 除去孩子眼中的阴霾

作为家长，当你发现孩子心事重重、少言寡语，一定要刨根问底，找到孩子情绪波动的根源。随后，要尽量引导他开朗地对待人和事，重新找回自信心。孩子毕竟还小，非常需要家长的关心和扶持。

△亲子互动

行为剧场

请孩子邀请几位同伴，一起来表演以下几项不受人欢迎的行为。表演结束后，看谁演得最好，并交流改正的方法。

1. 经常向别人诉苦，却并不关心别人的事情。
2. 经常唠叨，只谈琐事，或不断重复一些肤浅的见解。

3. 言语单调，喜怒不形于色，对任何事都漠然，情绪上毫无变化。

4. 态度过于严肃，不苟言笑，一派道貌岸然的样子。

5. 缺乏投入感，在社交场合悄然独立，既不参与别人的活动，也不主动与人沟通。

6. 态度过激，或语言浮夸、粗俗。

7. 过度以自我为中心，与人诉说自己的生活琐事，夸耀个人的经历，或只谈论个人的兴趣，而不理会别人的感受和反应。

8. 过度热衷于取悦别人，不惜花言巧语，以博取好感。

通过这个游戏，可以让孩子认识到自己为什么平日不受欢迎，没有人缘。

第六章
良好的人际关系是自主学习的重要保障

学习中离不开老师的教导,也离不开同学们之间的相互帮助。学习是一个人与人互动的过程,好的人际关系会让孩子的学习更有动力。

放下执迷,解脱自己

> 对别人多一点宽容,对自己就是一种解脱。不要用别人的错误来惩罚自己。

△**适宜孩子**

爱"记仇"的孩子。

△**学习问题**

由于心胸狭隘,会因为同学的一句话、一个动作而斤斤计较,没法专心学习,致使学习成绩下降。

△**经典案例**

小文在上初二,她得了一种怪病,失去了唯一能给她增加几分信心的美丽的头发,这对一个女孩子来说是多么伤心的事情啊。有的同学开始疏远她,还说"咱们班出和尚了"。她心里真是又气又恨。从此,她反感他们,成天闷声不响,想通过成绩来找回自信。可谁知,因为对那些开她玩笑的同学仇恨很深,根本没法专心学习,时间一长,学习成绩直线下降。

△**心理咨询**

这是由于小文心胸太狭隘了,总爱记别人的仇,导致自己的注意力局限在"报复"上。心胸狭隘是许多不良个性的根源，嫉妒、猜疑、孤僻、神经质等不良表现都源于狭隘心理。目前，中学生中心理素质脆弱的现象较为常见，究其根源也是心胸狭隘。他们只听得好而听不得坏，只能接受成功而不能接受失败，稍遇挫折、坎坷和不如意，就出现过激行为，导致对自己、对他人的伤害，给家庭、社会带来损失。

⊿指导计划

对于家中有这种孩子的家长，可用下面两种方法对孩子进行疏导。

1. 理解宽容同学

人都生活在一个集体中，而这个集体组成成员的性格是不同的，每个人都会有缺点，这十分正常。要想友好相处，首要的一条就是成员之间能够相互宽容。告诉孩子要多去看同学的优点、长处，不要只盯在短处上，要知道自己在有些方面不如别人。还要让孩子明白，理解宽容别人，也能使自己的心理得到宽慰。否则，内心总是抱着反感和抵触情绪，就会使自己情绪低落、烦躁不安，直接影响到学习、生活。

2. 试着给孩子的同学一些善意、诚恳的帮助

当局者迷，人往往对自己的缺点习以为常，浑然不觉。为此，家长可以通过与老师沟通，对与孩子有矛盾的同学进行说服教育，让他们认识到自身的问题。

△ 亲子互动

宽容度测试

宽容是指对他人的利益、信仰、行为习惯及不同于自己或传统的观念持一种仁慈、谅解的态度。宽容的反面是怀恨,它会造成人的内心冲突和思想压力。下面有个简单的测验可以帮助孩子确定自己是否属于一个容易记仇的人。

做法是:让孩子根据实际情况,选择"经常""有时"和"很少"这3个答案中的一个,并根据得分进行分析。

1. 你是否一想起很久以前感情上的伤害就愤愤不平?
2. 你是否嘲笑或贬低与你意见不一致的人?
3. 你是否特别留意别人是支持你还是反对你?
4. 你是否因为一点头痛、腰痛、脖子痛以及身体其他部位的无关紧要的疼痛就痛苦不安?
5. 晚上躺在床上你是否回想白天与人发生争执的情景?
6. 同学是否指责你过分敏感?
7. 你是否认为有必要对伤害你的人进行报复?
8. 你能原谅对你态度很坏的人吗?
9. 你是否感到你在家里或学习上所付出的努力没有得到赏识?

答案和说明

选择"经常"的得3分,选择"有时"的得2分,选择"很少"的得1分。

9~15分:说明你是一个特别宽宏大量的人,很少因为感情上受到伤害而烦恼。由于你宽宏大量的性格，使你很乐于与朋友友好相处。

16~21分：表明你既不是一个特别宽宏大量的人，也不是一个容易记仇者。当你发现自己滋长了有害的情绪时，你通常可以在它发生之前就克服它，使你不至于沉湎于无法解脱的沮丧和怀恨的情绪之中。

22~27分：你可能是一个容易记仇的人，你要学会原谅别人，否则你的身心健康将受到损害。

扔掉抱怨，努力改变

> 抱怨不但于事无补，反而还会让自己对所做的一切产生怀疑、乏味等消极情绪。所以，抱怨别人实质上是在跟自己作对。

△适宜孩子

有归因偏差心理的孩子。

△学习问题

某一学科成绩不好，不从自身找原因，总说老师教得不好，自己不努力，学科成绩得不到提高。

◢ 经典案例

静静今年刚上初一，却一直闷闷不乐。因为班主任是数学老师，可是静静恰恰对理科没有兴趣，重文轻理的倾向十分明显，因此一直得不到老师的赏识，而且常常觉得老师故意刁难自己。也曾经想过调换班级，但家长不同意。为此她一直郁郁寡欢，学习兴趣十分淡薄。

这次期末考试的成绩又不理想，静静逢人就说自己老师这不好、那不好，自己教不好还怪学生学不好。

◢ 心理咨询

自己学不好就怪老师教得不好，这在心理学中是一种归因偏差。归因偏差是指人们一般对良好的行为或成功归因于自身，而将不良的行为或失败归因于外部情境或他人。

产生归因偏差是情感上的需要。因为成功和良好的行为总是与愉快、自豪的情绪相联系的，而失败和不良行为总是与痛苦、悲哀相联系的，出于情感上的需要，人们倾向于把成功留给自己，让情境或他人把失败带走，以维护自尊心和自己的良好形象，体现自身的价值。

◢ 指导计划

如何纠正孩子的这种心理呢？家长可参照下面几条。

1. 倾听原则

不管你的孩子抱怨什么，都不要"一棍子打死"，要设身处地站在孩子的角度想一想这种抱怨是不是有原因的。

2. 表明态度，以身作则

告诉孩子自己对其抱怨的看法和意见。表明抱怨对事情本身的解决是没有任何意义的，而且爱抱怨的人是不受欢迎的。

3. 讨论协商原则

和孩子讨论一下"你喜欢的老师是什么样的"之类的问题。在这个过程中告诉孩子金无足赤，人无完人，要包容理解，最重要的是让孩子正视现实。

4. 和老师沟通

尽量采用推心置腹的方式和老师沟通，告诉老师自己对孩子的哪些方面比较担忧，向老师请教解决问题的方法，也可以对其方式提出自己的异议。

△亲子互动

告别抱怨

1. 让孩子写出发生在他身上的5件事，并写下其中他的抱怨，然后让他对照自己写的内容，回答抱怨能真正解决问题吗？显而易见，抱怨满腹不能解决任何事情，反而会阻碍成功。

2. 让他找一个值得信赖的挚友作为倾诉的伙伴，把所有的抱怨、牢骚、不满都发泄出来。

3. 让他在纸上尽快地写出所有的感觉，把每一个意见、不满和愤慨尽情发泄在纸上。当全部写完之后，把纸撕掉，最好把纸撕得粉碎。重复地写出来，再撕掉，直到感觉不到激烈的情绪为止。

本训练启示我们：从现在开始，不要抱怨父母、老师和朋友，不要抱怨环境；我们无法改变环境，就改变自己；我们改变不了过去，就努力改变未来。

不对老师存有偏见

> 对老师的偏见会让孩子产生严重的抵触情绪，进而会影响学习。引导孩子换个角度考虑问题，问题也许就会迎刃而解。

△适宜孩子
以好恶左右自己行为的孩子。

△学习问题
因为不喜欢某些老师而不喜欢某些老师教的课，导致这一科成绩差。

△经典案例
小强对妈妈说："每当我拿到成绩报告单的时候，总发觉自己学得好的功课，都是我喜欢的老师教的。就说地理吧，我的考试成绩在全班总是名列前茅，其中一个原因，就是我敬佩我的地理老师，他学识渊博，品德高尚，关心学生，可敬可亲。而成绩差的，像数学、历史，都是我讨厌的老师教的。"小强妈妈听了，才知道孩子是因为对老师的偏见导致偏科。

△ **心理咨询**

学习成绩是由智力因素与非智力因素共同作用来决定的。当孩子所喜欢的老师来上课时,他的感受是兴奋的,情绪是高昂的,注意力也是集中的。

这种非智力因素会强化他在课堂上的观察、记忆、思维、想象等活动,提高智力活动的速度和效率。同时,智力活动的成效,以及认识和创造的欢乐,又会振奋孩子的精神,提高他的信心,激发他的兴趣,增强他的意志,使这些非智力因素活动的能量更大、水平更高。

这样相互促进,就保证了喜欢的老师所教学科的学习质量。这就是古人所说的"亲其师,信其道,乐其道"。长此以往,这门功课就一定学得好。

反之,不喜欢某一个老师,孩子上课可能会没精打采,注意力也不会集中,随之各种大脑活动也降低了,对知识的感受和接受能力就降低了。

△ **指导计划**

消除这类孩子的偏科现象,最主要是要消除他们对老师的偏见。家长可从以下两点帮助孩子:

(1)让孩子明白他所谓的喜欢与不喜欢并不是客观事实,也并非成熟的想法,老师只要称职,被学校和大多数人认可,就要学着适应。学生要学的是知识,而非追星。

(2)如果有家庭成员在孩子面前对老师有微词,要主动请他打住,以后再谈。

（3）让孩子学会换位思考,站在老师的角度考虑问题,就会明白老师的一些做法。

让孩子从此不再被欺负

> 欺负与被欺负,都是可悲的。欺负让人变成同伴眼中的恶魔,被欺负让人变成同伴眼中的失败者。

△**适宜孩子**

被人欺负的孩子。

△**学习问题**

由于经常被同学欺侮,天天生活在恐惧之中,无法安心学习,导致成绩下降。

△**经典案例**

一天,赵老师在作业本里发现了一张纸条,打开一看,是班上的小白同学写的,内容如下:

老师,最近东东他们经常欺负我,总是在班上喊我"小白鼠",有时无缘无故就骂我,还故意将我的书藏起来,让我被老师批评。告诉妈妈吧,她总要我离他们远点,不要惹他们。想告诉老师吧,又怕他们报复我,只能自己忍着。有时,我真想和他们大吵一架,可就是没这个勇气。不知怎的，我一见到他们就害怕。

我现在每天上学都提心吊胆的，害怕他们再欺负我，有时候真想不上学了，这样他们就没法欺负我了。

老师，您能帮帮我吗？

类似小白同学说的情形在好多学生中间都存在，的确经常有人背着老师欺负别的同学。被欺负的同学，会深陷恐惧、焦虑、自卑、愤懑中，但又没有勇气解决。

△心理咨询

处在这种状况下的同学，整天生活在不安和恐惧之中。这种情况持续的时间长了，就很危险，它会让人产生恐惧心理，惧怕上学，甚至患上忧郁症等心理疾病。

我们把这种欺负同学的行为，叫作"校园里的暴力行为"。因为它已经超出了同学之间推推搡搡、打打闹闹开玩笑的范围。

心理学家通过研究发现，很多调皮的孩子在刚开始欺负别人时，可能只是无意的行为。但是，当他发现被欺负的孩子不会强烈反抗，很好欺负后，他就会从这种欺负的行为中得到一种满足，从而得寸进尺，有意欺负别人。

△指导计划

如果你的孩子受到了欺负，你就要告诉孩子，一味地忍让非但不能解决问题，反而会助长欺负者的气焰，给自己带来更多的伤害。

那么，如何让孩子避免受到伤害呢？

首先,要教孩子敢于表达自己的不满。当遭到其他同学的欺负时,要敢于用语言表示自己的态度,制止对方的侵犯。

其次,要及时向父母或老师反应事情的真相,这样既能让自己不再受欺负,也能防止这些"校园暴力"事件的扩大。要让孩子学会寻求帮助。

再次,让孩子多交朋友。不管是上学路上,还是放学回家,尽量和朋友们一起走,有很多人在一起,就不大会发生受欺负的事情了。

"娇骄"二气须摒弃

> "娇骄"孩子做事拿得起放不下,这多半是父母把他们教成了这样。

适宜孩子

"娇小姐""小霸王"类型的孩子。

学习问题

因为心理承受力弱,娇气又骄气,和同学关系处不好,导致没有伙伴。人际关系出现危机,导致没法专心学习,学习成绩下降。

△经典案例

王女士最近发现女儿上学明显没有以前那么积极了,每天早晨都是慢吞吞的,要催过几次才出门。王女士很纳闷,不知道女儿怎么了。

这天,女儿回家写完作业后,王女士和她进行了一次对话。"囡囡,你最近好像不开心,为什么呀?"

女儿一听妈妈问这个,"哇"的一声哭了起来,王女士慌了,以为女儿受了很大的委屈,一边安慰女儿一边询问。过了一会儿,女儿抽泣着告诉妈妈:"同学们都叫我'娇小姐',现在大家都不和我玩了。"

原来,王女士的女儿从小就体弱多病,为此,家人对她呵护有加,生怕她受了什么委屈,所以难免有些娇气。

看着女儿闷闷不乐的样子,王女士不知道该如何是好了。

△心理咨询

在学校里,我们经常能听到这样的议论:

"小艺真是个'娇小姐'。你看看她穿的衣服,看看她说话的样子。"

大家指责的"娇小姐",并不是说长相秀气,或者是富裕家庭里的小女孩,而是那些自认为自己是"公主",不关心他人,不愿与他人合作的人。

现在许多家庭都是独生子女,父母对他们呵护有加,孩子很多不知道关心他人,总是以自我为中心,而且这样的孩子心理比较脆弱，稍受一点委屈或挫折就受不了。

其实，"娇小姐"往往有"娇骄"二气。第一个"娇气"是过分自爱，只希望得到别人的关心和爱护，而不知道也要关心和爱护身边的人。第二个"骄气"是目中无人，看不起人，认为世界上没有人能超过自己。

◁指导计划

如果你的孩子也有"娇骄"二气，那就得改一改了。

首先，要让孩子学会关心别人。让他们留心观察周围的亲人、朋友、同学，留意他们是怎样关心自己，又是怎样关心别人的。

其次，从在家里做起，从小事情做起。比如：让他们帮妈妈洗洗碗，帮爸爸擦擦车，给奶奶捶捶背，陪爷爷散散步。起码要做到自己力所能及的事情，不要什么都要家里人做。

再次，让他们积极参加集体活动，在活动时注意关心身边的人。比如，观察身边同学是否有困难需要帮助的；多做一些公益劳动，多参加班级值日；集体出游时所需要的队旗、药品等，主动帮着背。

还有，家长要多和孩子交流，告诉他们不仅要注重自己的外表，更应注意内心的充实，外表美丽、内心丰富的孩子，才真正有魅力。

第七章

解决困扰孩子的心理问题

心理问题对于成长中的孩子来说就像一朵含苞欲放的花蕾上的蚜虫。只有赶走这些蚜虫，花蕾才能绽放出美丽的花朵。

对强迫症倾向进行心理疏导

> 孩子不停地洗手还觉得不干净;经常检查书包,总觉得少东西。这些行为可能预示着孩子有强迫症的倾向。

△**适宜孩子**

有强迫症倾向的孩子。

△**学习问题**

学习中总反复强迫做一件事,无法自控,严重影响学习效率。

△**经典案例**

最近小刚妈妈发现刚上初二的小刚有些异常。

小刚总喜欢检查自己的书包,一天重复的次数达到十多遍,时间要花去1小时。如果检查书包这件事不能做完,小刚就不能安心做作业。"每天他会检查包里的钱包很多遍,总担心钱包丢了,每次隔一段时间又像忘了一样再检查一遍。近两个月来,这种反复行为已影响到他的睡眠、学习。"

△**心理咨询**

心理医学上,小刚的这种行为被称作强迫症。

强迫症是指以强迫观念和强迫动作为特征的神经功能性疾

病。它一般表现为患者头脑中反复出现一些相同的观念、想法，并且不断地重复，虽然患者明知不对，但自己无法控制，从而产生痛苦。按表现分为检查类、清洁类、记数类等。

医学界认为，强迫性格与强迫症的发生有密切的联系，孩子如果在成长期受到过于严厉的教育，很有可能形成强迫性格，所以，家长应该让孩子有一定的自我空间。童年时期受到家长的严厉教育，从而失去自我，一切按照家长、老师的意见做事，会形成强迫型人格，表现为机械、死板、追求完美。当学习压力稍稍一大，他们承受不了这种压力，就会诱发强迫症。因此，家长对孩子的教育不能过于严格，应该允许童真的存在。

△指导计划

随着学习压力越来越大，许多家长都担心自己的孩子也患上强迫症，这里提供预防强迫症的几种方法：

1. 家长应该结合孩子的心理特征，不要过度严格要求，应给予他们一定的空间发展个性。

2. 在生活中培养良好的性格基础，不要斤斤计较。

3. 做事不要过于追求完美，要意识到任何事物都不是十全十美的。

4. 孩子每当见到电线杆、台阶、柱子等，便不由自主地依次点数，不数就会感到心情不安；明知这类观念和动作毫无意义，但又无法消除这些行为，有时甚至伴有头痛、头昏、失眠等神经衰弱的症状；这些都是强迫症的症状，应尽早带孩子去找心理医生咨询。

△亲子互动

强迫倾向心理测试

通过让孩子做这个测试，可以了解他是否有强迫症倾向。

"没有"为0分；"很轻"为1分；"中等"为2分；"偏重"为3分；"严重"为4分。

1. 头脑中有不必要的想法或字句盘旋。

2. 忘性大。

3. 担心自己的衣饰不整齐及仪态不端正。

4. 感到难以完成任务。

5. 做事必须做得很慢，以保证做得正确。

6. 做事必须反复检查。

7. 难以做出决定。

8. 反复想些无意义的事。

9. 注意力不能集中。

10. 必须反复洗手、点数。

11. 反复做毫无意义的一个动作。

12. 常怀疑被污染。

13. 总担心亲人，做无意义的联想。

14. 出现不可控制的对立思维、观念。

将各项得分相加，总分超过20分者应考虑有强迫症的可能。

戒除过分依赖心理

> 父母过多的宠爱会剥夺子女独立思考、独立行动、提升能力、增长经验的机会,妨碍孩子独立性的发展,容易使孩子形成依赖心理。

△适宜孩子

在家中被过度宠爱或代劳的孩子。

△学习问题

平常在家被宠爱惯了,受不了学校里纪律的约束,学习上表现懒散,成绩不好。

△经典案例

李成上小学五年级了,从小随爷爷奶奶、父母生活,在幼儿园以前比较活泼。但自从上幼儿园小班误服清洁水事故之后,在爷爷奶奶、爸爸妈妈的娇惯下,变得比较胆小、任性,慢慢地养成了衣来伸手、饭来张口的不良习惯。上小学后,不适应学校那种独立性、纪律性和节奏感很强的生活,因做事动作较慢、协调性较差,经常最后一个交作业,常常受到老师的责备和同学的嘲笑,使他对自己越来越没有信心。

后来,父母发现李成的学习习惯很不好,从小学一年级起就有拖拉作业的习惯，特别是遇到有些难的作业，更是拖拖拉拉，久久不愿动笔，各科学习成绩比较差；劳动懒散，不讲卫生；很少参加班集体的活动，显得不合群；对自己也缺乏自信，见到老师不主动打招呼。他自己也经常对父母说："同学们会嘲笑我做事做得不好，我觉得难受。""现在学习的知识很难，我不会。""我认真学也比不上别人，我不想学习。"

生活中，类似李成的例子很多。一位母亲向心理专家咨询时说道：

"我女儿今年都十三岁了，却像怎么也长不大似的，什么事都依赖别人，一点儿独立能力也没有。比如，我和她爸晚饭后出去办点事，她就不敢在家里待着；她在学习中遇到难题时，也不爱独立地去思考，只等着大人给她讲，要么就干脆等同学做完后抄人家的；对一些事情也没有自己的主见，大人说什么就是什么。"

△**心理咨询**

不难看出，李成和那个女孩由于对别人过分依赖，从而形成了依赖心理。依赖可以是物质上的，也可以是精神上的；可以是单向的，也可以是双向的。无论是物质上的依赖还是精神上的依赖，如果这种依赖过分强烈，或者是停留在某一幼小年龄的依赖形式，这种依赖关系就会影响到一个人的成长、成熟，妨碍一个人的心理健康。

依赖的产生同父母过分照顾或过分专制有关。对子女过度保护的家长，一切为子女代劳，他们给予子女的都是现成的东西，孩子头脑中没有问题、没有矛盾，也没有解决问题的方法，自然时时处处依靠父母。对子女过度专制的家长一味否定孩子的思想，时间长了，孩子容易形成"父母对，自己错"的思维模式，走上社会也觉得"别人对，自己错"。这两种教育方式都剥夺了子女独立思考、独立行动、提升能力、增长经验的机会，妨碍了子女独立性的发展。

◢指导计划

要改掉孩子过分依赖的毛病，第一，要改变家长的家庭教育观。孩子的依赖心理多是由家长养成的。如果家长不能改变自己的陈旧观念，就很难克服孩子的不健康心理了。

第二，必须培养孩子的独立性，不要事事都为孩子做。有的孩子不是不想独立，而是家长不给他独立自主的机会，万事都为他安排得妥妥当当，这样便在溺爱中削减了孩子的独立性，增强了他们的依赖心理。

第三，培养孩子的独立性更关键的是要树立孩子的自信心。依赖性较强的孩子多缺乏足够的自信，对自己的能力评价较低，总认为自己这也不行，那也不行。家长要教会孩子正确地评价自己并在孩子取得一点点成绩的时候及时给予表扬和鼓励，这样才可以培养孩子的自信心，增强他敢于独立的勇气。

第四，在孩子独立地办一些事情的时候，家长要给予指导和帮助，为孩子成功地做好某些事情创造条件。因为儿童的心灵是比较敏感和脆弱的，如果总是遭遇到挫折，很容易丧失自信心。

家长务必要保护孩子可贵的自信心。

△亲子互动

你的孩子有多依赖人

想知道孩子的依赖度吗？让孩子做下面的测试，就可以知道答案。

山上有一间小屋，因外面风很大，所以只好留在小屋中住一晚，但屋内没有任何寝具，你会选择用什么当寝具：

A. 皮草大衣

B. 秸秆

C. 沙发

D. 纸箱

测试结果

A. 孩子十分喜欢依赖人，因为皮草是软的，所以他何时何地都想依赖别人。

B. 孩子不认为自己依赖人，也不会轻易让自己去依赖人。

C. 这代表他有高度包容力。

D. 这种孩子比较无情，讨厌依赖和被依赖。

和焦虑症说拜拜

> 焦虑是每个人都不可回避的,孩子因为思想不成熟,更易产生焦虑情绪,家长要引导孩子学会放松,缓解紧张和焦虑。

△适宜孩子

有焦虑症的孩子。

△学习问题

由于学习压力过大,自己无法释放,时间长了导致情绪不稳定,焦急、心慌甚至失眠,严重影响正常的学习生活,学习成绩迟迟无法提高。

△经典案例

莉莉刚上高一,因为有良好的学习习惯,记忆力很强,遵守纪律,尊敬师长,因而深受老师的器重。但她对数理化兴趣不大,通过努力才勉强使数理化成绩保持在及格以上。因为老师器重她,所以很多竞赛活动都选派她去参加。为此,她的学习负担十分沉重。参加竞赛前老师要给她"开小灶"进行个别辅导,布置很多模拟试题让她做,虽然这对她的学习有所促进,但她感到精神压力很大,简直不堪重负。老师当然是一片好心,她也认为应当对得起老师,因而对各科的学习都抓得很紧。但在心底深处对这种竞赛性的考试很反感,对数理化的竞赛更是头疼至极。每逢竞赛,"战前"的几天她都要死记硬背、苦练苦算到深夜。有天晚上,她正在宿舍背书强记第二天竞赛科目的内容,宿舍同学却听歌聊天,吵得她无法看书。她又急又气,烦躁至极。就是从那个时刻,她心头产生了强烈的怨恨:一恨老师总让她参加各种竞赛,使她疲惫不堪;二恨宿舍同学扰乱了自己的复习;三恨家长不该让她留在市里读这个使人疲于应付的重点中学。在这种焦虑怨恨的情绪状态下,她一夜都没睡着,第二天在考场上打了败仗。从此,她经常失眠、多梦,梦中总是在做数理化的竞赛题,要不就是梦见在竞赛时交了白卷。

△心理咨询

莉莉这是患上了焦虑症。焦虑症即焦虑性神经症,是一种常见的神经症,患者以焦虑情绪反应为主症状,同时伴有明显的植物性神经系统功能的紊乱。焦虑在正常人身上也会发生,这是人们对于可能造成心理冲突或挫折的某种特殊事物或情境的一种反应,同时带有某种不愉快的情绪体验。

△指导计划

焦虑症会严重危害青少年的身心健康,长期处于焦虑状态,还会出现神经衰弱症,因此必须及时予以合理治疗。一般是以心理疏导为主,配合药物治疗。下面是几种心理疗法:

1. 暗示疗法

自信是治疗焦虑症的必要前提。一旦发现孩子患上了焦虑症,应让他正确认识自己，相信自己有处理事情和完成各种工作的能力，坚信通过治疗可以完全消除焦虑疾患。通过暗示，让患者每天多一点自信，焦虑程度就会降低一些，同时又反过来使自己变得更自信。这个良性循环将帮助患者摆脱焦虑症的纠缠。

2. 深度松弛疗法

如果患者能够学会自我深度松弛，就会出现与焦虑中所见相反的反应，这时其身体是自主的，而不是为某些朦胧意识所控制。自我深度松弛对焦虑症有显著疗效。

3. 分析疗法

有些焦虑是由于患者将经历过的情绪体验和欲望压抑到潜意识中导致的。患者成天忧心忡忡，惶惶如大难将至，此时，应让患者分析产生焦虑的原因，或通过心理医生的协助，把深藏于潜意识中的"病根"挖掘出来。

△亲子互动

焦虑症倾向心理测试

想知道学习压力大、整天愁眉苦脸的孩子是否有焦虑症的倾向吗？让他做做下面的测试就知道了。

"没有或很少时间"为1分；"小部分时间"为2分；"相当多时间"为3分；"绝大部分或全部时间"为4分。

1. 觉得比平常容易紧张和着急。
2. 无缘无故地感到害怕。

3. 容易心里烦乱或觉得惊恐。

4. 觉得可能要发疯。

5. 觉得一切都很好,也不会发生什么不幸。

6. 手脚发抖打战。

7. 因为头痛、头颈痛和背痛而苦恼。

8. 感觉容易衰弱和疲乏。

9. 觉得心平气和,并且容易安静地坐着。

10. 心跳得很快。

11. 因为一阵阵头晕而苦恼。

12. 有晕倒发作,或觉得要晕倒似的。

13. 吸气呼气都感到很容易。

14. 手脚麻木和刺痛。

15. 因为胃痛和消化不良而苦恼。

16. 常常要小便。

17. 手常常是干燥温暖的。

18. 脸红发热。

19. 容易入睡并且睡得很好。

20. 做噩梦。

将各项得分相加得出粗分,粗分乘以1.25,四舍五入取整数即得到标准分。焦虑评定的分界值为50分,分数越高,焦虑倾向越明显。

谨防孩子患上"厌学症"

> 当一个人对一件事物有了厌恶情绪,他看这个事物就会带着厌恶的情绪。别人的成功在他看来像是一种宣战,别人的指点在他看来像是一种讥笑。

△**适宜孩子**

厌学的孩子。

△**学习问题**

因为学习不好而讨厌与学习有关的所有活动,学习落后。

△**经典案例**

初二时的天天很喜欢学习,可一上初三不知是开始有自己的想法了,还是对学习真的失去兴趣和信心了,他越来越反感学习。

家长说:"原来放学还知道看看书、做作业,一上初三连作业都不做了,书也不看了。要么看电视,要么就坐在电脑前,不是上网就是打游戏。你说他两句吧,他就'嗯''啊',说一会儿就去,可过半个小时你再看,他还在那玩儿呢。

"我们尽量去和他做朋友,逮住机会就做思想工作,可怎么说也没用,道理他都听不进去。问他为什么不学,他说'不为什么,就是不想学'。孩子这么大了,我们不可能也不想整天监督着他学,可他根本理解不了父母的苦心。"

很明显,天天对上学有了厌倦情绪,得了厌学症。

△心理咨询

厌学症是由于学生学习行为获得的内外反应不同而造成的,中学生患病率最高。其内在原因是学生在学习过程中的消极情绪体验和自我认识存在偏差,社会、学校、家庭等外部环境的不良影响也起消极的强化推动作用。有的学生学习基础较差,由于种种原因,经过多次努力却只获得一次次的低分和失败,又长时间受到社会的偏见、家长的漠视、教师的批评、同学的歧视。他们从学习中无法满足成功的愿望,生活中又无人能理解关怀,品尝到的只是失败感和乏味感,逐渐形成学习无价值、自己是学不好的"差生"等观念,而这又反馈到学习行为上。如此恶性循环,从而导致患上厌学症。另有一些学生小学时成绩较好,上了中学后环境改变,面临新的挑战,由于心理适应能力差,在挫折和失败面前无法正视自己,逐渐丧失自信心,消极地对待学习,从此一蹶不振,也容易患上厌学症。

△指导计划

孩子厌学可能只是一时的,也可能是一直持续的。无论是哪一种,都不是与生俱来的。家长应该责无旁贷地与孩子共同面对问题,而不能一味地责备孩子。

第一,我们要能够放下"架子",坦诚、平等地与孩子进行有效沟通,找出问题所在。

第二，针对问题，与孩子共同协商解决办法。

第三，督促孩子认真执行协商的解决办法，不断发现孩子的优点，稍有进步就及时鼓励，让孩子尝到学习的甜头，让孩子有成就感和愉悦感，逐步培养学习兴趣。

第四，营造和谐的家庭气氛，减少孩子对包括学习在内的生活上的抵触情绪。

亲子互动

厌学情绪测验

下面的测验可以帮助家长了解孩子是否有厌学情绪。让孩子对下列各题做出"是"或"否"的回答。

1. 我认为学习没有一点意思。
2. 我是迫于形势才不得不学习的。
3. 在现在的社会里，学习没有什么用。
4. 我认为学习是件苦差事。
5. 到学校去上学简直是件苦差事。
6. 我学习只是为了父母。
7. 一上课，我就无精打采。
8. 上课时老师讲的内容我总是似懂非懂。
9. 我常常抄同学的作业。
10. 我即使无事可做，也不愿意学习。
11. 我认为自己不是什么读书升学的料。

12. 我上学经常迟到、早退。

13. 我和老师的关系比较紧张。

14. 我对影视明星、歌坛新秀、体坛名将、青春偶像、奇闻逸事等很感兴趣。

15. 我上课注意力不集中，常常走神。

16. 我每天背书包到学校只是为了混混日子。

17. 我在学校里是做一天和尚撞一天钟。

18. 我认为上学只是为了拿一张文凭。

19. 我最头痛的一件事就是考试。

20. 我真盼望早点儿毕业。

21. 我对玩耍、逛街、打游戏机、看录像等活动很感兴趣。

22. 我经常旷课。

23. 我一拿起书本就感到头痛。

24. 课堂上老师讲的我根本听不懂，也不想去弄懂。

25. 考试好坏我无所谓。

26. 我上课时常做一些与学习无关的事。

27. 我常为自己的前途担忧。

评分分析

每选择"是"记1分，选择"否"记0分。然后将各题得分相加，得出总分。

0~11分：孩子有轻微的厌学情绪。

12~22分：孩子有中等程度的厌学情绪。

23~33 分：孩子有严重的厌学情绪。

用自信之光冲散抑郁的阴霾

> 林妹妹多愁善感、多情葬花，本该像早上七八点钟太阳的孩子，绝不应天天郁郁寡欢。

△**适宜孩子**

有抑郁症倾向的孩子。

△**学习问题**

感到前途渺茫，对自己没有信心，天天处于消极情绪中，学习成绩直线下降。

△**经典案例**

艺艺是一名中学生，正处在如花般的年龄，本该无忧无虑，充满欢乐与梦想，可艺艺的脸上却总笼罩着一片乌云。她功课平平，而且也没花什么心思在学习上。在学校，她不喜欢和老师、同学接触，总是独来独往，既不愿参加集体活动，也没什么兴趣爱好，放学回家就把自己关在小屋里。对于未来，她总感到前途渺茫，对一切都感到不顺心。

△**心理咨询**

心理医生把艺艺这一心理症状称为抑郁症。抑郁是一种消极的情绪体验，它是遭受挫折、经历巨大压力等之后的沮丧与失望情绪。

心理学认为抑郁症与遗传因素有关，研究显示，如果父母中有一人患有抑郁症，子女得病的概率为25%；若双亲都是抑郁症病人，子女患病率则提高至50%~75%。

但更多的还是因为后天原因。有的学生因为学习负担导致的心理压力过重，加上一些家长望子成龙、望女成凤，他们给孩子学习上买资料、请家教，尽其所能，生活上关怀备至，殷勤周到，就是希望孩子考上中学或考上大学。但生活上的"关心"、学习上的"重视"并不一定产生正面的动力，相反，很多同学心有余而力不足：想学，跟不上；不学，又很难向父母交代。在巨大的压力面前，他们开始厌学、逃学，觉得学校和家庭都不是安身之处。

△指导计划

要帮孩子克服阴郁心理，要做到以下几点：

1. 抑郁是一种消极的情绪，它可能是暂时的，产生这种消极情绪，是抑郁者消极认知的结果。比如有的孩子由于没考好而变得一蹶不振，他们常常会把没考好看成自己缺乏天分，不够聪明，从而对前途丧失信心。面对挫折，要让孩子学会自我安慰、自我调节。遇到不愉快的事，应多从好的、积极的方面着想，保持豁达的胸怀。或者可以多找一些客观原因，比如考试没考好可能是身体不适、复习得不好，以后通过努力，完全可以赶上去。

2. 注意锻炼孩子的意志。人们常说："生活就像海洋，只有意志坚强的人，才能到达彼岸。"一个人一旦拥有坚强的意志，就能创造生命的奇迹。

3. 广泛的爱好、丰富多彩的业余活动也是战胜抑郁的有效方式。应该让孩子经常参加各种文娱体育活动，调节自己的精神生活，以便消除心理紧张，陶冶情操，开阔心胸。

亲子互动

他忧郁吗？

测试一下你的孩子有没有忧郁的症状吧。

看看他是否经常发生以下情况。如果仅是偶尔有下列情况，那就比较正常，不用太在意。如果下面的状况持续两周以上，就可能有抑郁症了，要及时带他去儿童心理门诊看病。

1. 经常伤心。
2. 感觉没有一件事顺心。
3. 对什么事都不感兴趣。
4. 总认为自己是个坏孩子。
5. 总担心有不好的事情发生在自己身上。
6. 觉得什么事都是自己的错。
7. 自己都不喜欢自己。
8. 有时候想自杀。
9. 总是因为这样、那样的事情心烦意乱。
10. 很多时候不愿意和别人在一起。

11. 做什么事情都犹豫不决。

12. 对自己的长相没自信。

13. 即使是小事,都觉得很难做好。

14. 总是感觉很疲惫。

15. 经常没有胃口,不想吃东西。

16. 经常觉得身体不舒服。

17. 总是觉得学校生活没意思。

18. 以前比较擅长的科目,最近成绩也一落千丈。

19. 总觉得没有人真心喜欢自己。

20. 经常和别人吵架。

防止出现考试焦虑症

> 孩子在考试期间心理上的紧张、不安、焦虑、恐惧等都是考试焦虑症的表现。适度的焦虑与紧张有助于集中精力,但焦虑过度则不利于发挥正常水平,会对考试产生不利影响。

△ **适宜孩子**

有考试焦虑症的孩子。

△ **学习问题**

一考试就紧张,思想感到很压抑,导致考试时无法专心作答,即使平时复习得不错，也考不出好成绩。

◁ 经典案例

小虎是初中三年级的学生，初三前他的成绩一直很好，自从开始读初三后，他就一直担心自己的成绩会降下来，因此，每天上课时，他总是集中精力，生怕听漏了一道例题，记下老师说的每一句话。

也许是过度紧张了，每次考试时，他都提醒自己不要紧张，要放松一些，可是越这样想越抑制不住地紧张，只要看到周围的同学们正埋头答卷，心里就压力倍增，甚至有时全身出冷汗，根本无法集中精力答卷。考完后，他更是忧心忡忡，一会儿想这里没答对，一会儿想那里没答对。

◁ 心理咨询

很明显，小虎是患了考试焦虑症。考试焦虑症是在考试压力下担心考试结果而引发的一种以担忧为主要特征的复杂心理状态。考试焦虑症临床表现为情绪低落、脾气暴躁、懒言，同时伴有血压升高、心跳加快、汗液分泌过多、肌肉震颤等现象。

在学校中，考试对于学生的学习生活有着重要的影响。几乎每一个学生在考试时都会有一定程度的紧张感和担心，这是很正常的，也是学校将考试作为督促学生学习的一种重要手段的心理依据。

但考试给孩子带来的焦虑却有着很大的个体差异。一般来说，性格内向、情绪波动大、挫折耐受力和内部矛盾化解力差的人，容易出现过度焦虑。

孩子产生考试焦虑的原因，可以归结为以下4点：

1. 错误地夸大考试与个人成败、前途的关系，因而造成情绪过分紧张。

2. 缺乏自信心，总是担忧自己准备得不够充分，怕自己不能取得好成绩。

3. 考前过度疲劳，没有休息好。

4. 临场时某些偶然因素，也会导致考试焦虑产生。

△指导计划

孩子出现了考试焦虑症，家长一般可采用以下两种方法帮助他：

1. 宣泄法

当内心的焦虑自己无法排除时，告诉他应当勇于将自己的心理负担向朋友、老师和同学诉说，这样既可以宣泄自己的负面情绪，又可以知道有考试焦虑感的不只自己一个人，从而使心理恢复平衡，放下包袱，放松情绪，减轻紧张感，增强自信心，使心理得到调节。

2. 心理咨询法

当孩子内心的焦虑感比较严重时，可找专业的心理咨询师加以咨询，由他们帮孩子分析产生焦虑的各种外在的和潜在的原因，提供一些有效克服焦虑的知识和建议，并同时对孩子进行心理疏导，给予孩子鼓励和安慰。

第八章
督促孩子改掉学习中的坏毛病、坏习惯

坏毛病、坏习惯对孩子的学业来说就像是蝴蝶效应中一个不起眼的钉子,若不加以重视,必然会因为它影响孩子学习而后悔莫及。

自主学习者必须具备高度专注力

> 注意力对于孩子的学习是非常重要的，专注力不强，学习质量就难以保证。

△**适宜孩子**

学习专注性不高的孩子。

△**学习问题**

学习中经常三心二意，注意力不能集中在一件事上，成绩得不到提高。

△**经典案例**

小华今年读小学五年级，脑子很聪明，可就是专注力不强，思想经常开小差，你说这他却想着那，典型的三分钟热度。小华的父母看到儿子做什么事情都只是开头热，心里很着急，不知怎么才能让孩子做事更加专注。

△**心理咨询**

某件事物对我们有着特殊的意义，我们的认识活动就指向它，并集中心思去考察它、思考它，以提高我们对这件事物在感性上、理性上或行动上的认知水平，这就是注意。

对孩子来说，注意力尤为重要。只有善于克制自己，把注意力全部投入学习中去，才能学习好。因此，在家庭教育中要十分注意培养孩子的注意力。这对今后的成长有很大的影响。

△指导计划

具体来说，父母可以这样对孩子进行注意力的训练：

1. 视觉注意力训练

让孩子看一些照片或动物图片，并提出一些问题，比如给孩子看一照片，让他说说照片里都有什么人，几个男的、几个女的、几个大人、几个小孩，他们每个人都在干什么等。不过让孩子观察的东西要不断地变换，不然孩子就会感到没有兴趣了。

2. 听觉注意力训练

给孩子讲故事，事先说好，故事讲完之后要提出问题让他回答。如果能够在讲故事之前就把要问他的问题提前告诉他，相信效果会更好。这就好比我们听老师讲课一样，如果先做好预习，找出了自己有疑问的地方，在听讲时就会特别留心，因为是带着要寻找答案的愿望去听的。

3. 动作注意力训练

即通过让孩子完成特定的动作来达到训练注意力的目的。比如教他做一些体操动作、舞蹈动作或一些游戏动作，都能达到这种效果。

4. 混合型注意力训练

实际上就是把眼睛看、耳朵听和动作结合起来，既训练了视觉和听觉，又训练了动作。这种训练难度大，可以边说边示范给孩子看，让孩子跟着做，比如说出一种行动，让孩子表演出来等。

△亲子互动
我是音符

让孩子和同伴们分成 8 人一组，每组选 1 名乐感较好者充当本组组织者。

每组其余 7 人先排队站好，从 1 到 7 报数，每人记住自己的号码，并明确该号码在音乐中所代表的音符，比如 1 是哆，3 是咪。然后大家围坐在主持人面前，游戏开始。

组织者用简谱唱简单的调子。唱到哪个音，报相应数的游戏者就快速站起，第二个音响时再立即坐下。

这样，如果听到自己的音时不立即站起或者误站起的人都记失败一次。

游戏开始前可先用"1234567""7654321"试音，使大家有所准备。所唱简谱由易到难，逐渐加快。

这个游戏需要高度集中注意力才能减少出错，能有效地锻炼孩子的行动力、注意力。

写作业拖拉是自主学习的大敌

> 每天晚上从6点到9点是明明写作业的时间,可3个小时他的效率却是1个小时一道题。问他为什么,他说不会,是真的不会,还是思绪飘走了?

△**适应孩子**

做作业效率低的孩子。

△**学习问题**

写作业时不能专心致志,半天做不了几道题,考试时也容易做不完。

△**经典案例**

牛牛是小学三年级的学生,他每天在家里做作业都有很多麻烦事相伴。当他拿出作业本,在写字台前坐稳,刚写上几个字,就感到铅笔尖太粗了,于是去找小刀削铅笔;写了一会儿,又觉得饿了,去厨房找吃的东西;过一会儿,又去打开电视机,看一看有没有动画片;做一道算术题,还没有认真思考,就问妈妈,而常常是妈妈回答的话还没讲完,他的眼睛又跑到动画片那儿去了。

作业总算在妈妈的再三催促和帮助下完成,但拖到很晚,而且字迹潦草，错误百出。

我们经常听见一些家长这样抱怨孩子写作业时心不在焉的情形——

"我那孩子平时性子挺急的，可一到写作业的时候就拖沓得不行。他坐在那儿一动不动的，好半天才写一个字。明明半小时或一小时能写完的作业，他经常要熬到深夜。他自己受累不说，我和他爸还得陪着他受罪。"

"要说起来，我儿子学校留的家庭作业真不多，可他几乎没有一个晚上不写三四个小时。他不是不会做，反正就是快不起来，好像一点也不着急。你要是不在他身边盯着，他肯定写到天亮都完不成。"

"她写几个字就开始抠橡皮，咬笔头，抓耳挠腮的，看着让人生气！"

"老师经常说他在课堂上注意力不集中，净开小差。"

△**心理咨询**

从心理学的角度来看，这类孩子多半存在有意注意差，在写作业期间不能精力集中地思考问题，经常从事与学习无关的事情，表现得很不专注。写作业时又不善于动脑筋，表现出一种惰性。

学前儿童的无意注意高度发展，有意注意逐步形成。他们的注意往往和周围的情境、个人的情绪相联系。他们对外界新奇的、强烈的刺激易产生注意，但这种注意很不稳定。比如一个3岁左右的儿童正在玩心爱的玩具熊猫，忽然一个红红的小皮球滚过来，他会马上抓起小皮球玩起来，把熊猫丢在一旁。注意力是决定智力高低的重要因素，只有注意力集中，才能较好地学到知识和技能。

◇ **指导计划**

怎样才能纠正孩子做作业时效率低下的毛病呢？

1. 家长不要全程陪孩子做作业

大多数儿童教育专家都不赞成家长陪孩子做作业，因为家长总会情不自禁地敦促孩子不要这样做，而要那样做。这些时断时续的语言刺激，更易于分散孩子的注意力。同时，也会让孩子对家长产生强烈的依赖性。

2. 给孩子一个明确的完成作业的期限

比如可以这样对孩子说：你可以不用心，但你必须在8点之前完成作业，否则，周末就不能做什么等。培养孩子的时间紧迫感，慢慢地让孩子形成学习规律。有了明确的任务，孩子学习时就有了动力，才能保持紧张状态。但是不能要求孩子长时间做同一件事。

3. 给孩子适当的奖励

比如，当孩子按时完成了作业，家长不但要从言语上加以表扬，还可以辅助一些别的奖励。同时，还可以为孩子设定一个假想的竞争对手，提醒他"谁每天晚上只需花一个小时就能完成作业，还有时间看动画片"什么的。

4. 为孩子营造一种良好的学习氛围

许多孩子注意力不集中，主要与家庭环境有关。因此，当孩子学习时，室内一定要保持安静。此外，要注意排除干扰孩子学习的因素。许多孩子习惯边听音乐边写作业,这是一种非常不好的习惯,是分散注意力的诱因。

5. 适时解除孩子内心的忧虑

当孩子心理压力比较大的时候,孩子的注意力就无法集中,尤其是临考复习时,所以家长要及时排解孩子内心的焦虑。

△亲子互动

注意力小测验

下面编排了 100 个数字,让孩子在这些数字中按照顺序找出 15 个连续数字来,如 2~16,或 61~75 等。记录他找这 15 个连续数字所花的时间。

12 33 40 97 94 57 22 19 49 60
27 98 79 8 70 13 61 6 80 99
5 41 95 14 76 81 59 48 93 28
20 96 34 62 50 3 68 16 78 39
86 7 42 11 82 85 38 87 24 47
63 32 77 51 71 21 52 4 9 69
35 58 18 43 26 75 30 67 46 88
17 46 53 1 72 15 54 10 37 23
83 73 84 90 44 89 66 91 74 92
25 36 55 65 31 0 45 29 56 2

测试结果:

这个小测验测试孩子注意力的集中程度。如果他能在 30 ~

40 秒就找到了连续的 15 个数字，那他在集中注意力时的记忆程度就属于优等了，大约只有 5% 的人有这样的能力；如果他用了 40～90 秒，那就只能算一般；如果他在 2～3 分钟才找到，那他就是个注意力不集中的人了。

克服阅读障碍，为各种学习打好基础

> 孩子在上课时总发愁，害怕老师让他朗读课文，因为平时说话流利的他一读课文就结巴。或许孩子在阅读方面存在障碍。

△**适宜孩子**

有阅读障碍的孩子。

△**学习问题**

听写、拼音、阅读方面有问题，阅读速度慢，导致学习效率低，成绩落后。

△**经典案例**

上小学二年级的小军成绩很好，可是，每次老师在课堂上让他朗读，他就会结结巴巴，错漏百出。后来，老师和家长谈到这个问题，家长便在家中开始对小军的朗读进行训练。经过家庭训练之后，爸爸要求小军一定要在课堂上好好表现一番！第二天，爸爸有意让老师安排小军在课堂上朗读，可是，小军一在课上站起来就又开始口吃了。

△**心理咨询**

上小学的孩子有一部分的确有和小军一样的阅读障碍问题。阅读障碍是指智力正常或超常，但在阅读上落后的现象。究竟落后到什么程度才算是阅读障碍呢？诊断阅读障碍是以标准化的阅读测验测试儿童，发现儿童在平均成绩上低于其他同龄儿童，只达到低年级儿童的平均水平。阅读障碍是学习障碍中人数最多的，男生多于女生。这类孩子往往记不住字词，听写与拼音困难，或朗读时增字减字，写作文语言干巴巴，阅读速度特别慢。他们在下棋和玩电脑游戏方面头脑很灵，但在复习和写作业及听讲方面成绩差。这种落后可能与左脑有关。家长应给予极大的警惕，因为这类孩子由于不能有效地阅读，随着年级增加，会在各门功课上都出现困难。导致孩子出现阅读障碍的原因有两大方面：

1. 视力问题

家长们现在很关注孩子的近视问题，因为孩子近视会影响孩子的阅读和学习。其他的一些视力问题和眼疾同样会影响孩子的阅读，比如眼球震动不平稳、远视、色盲等。所以，家长应及时对孩子的视力进行全方位检查。

2. 其他外部原因

（1）亲子关系缺乏。亲子关系缺乏是指在孩子的成长过程中，缺乏和家长以及周围成人的语言交流，因而使孩子不能掌握阅读所必需的语言技能。

（2）文化或教育环境缺乏。文化或教育环境缺乏是指孩子缺乏某些文化和教育环境中的阅读经验，而这些经验对于在学校中的学习又至关重要，因此导致了阅读障碍。

3. 遗传基因作祟。至少有50%的阅读困难和60%的书写困难源自遗传。迄今已查明有6个染色体区域影响人的读写能力。

△指导计划

家长可以采取以下措施为孩子消除阅读障碍。

1. 为孩子选择合适的阅读材料

可以通过以下几个方面来选择合适的阅读材料：

（1）字体大小与文字量的选择。适宜孩子阅读的材料应该是大字体印刷，这同时也限制了每一页的文字量。这两点对于帮助孩子发展阅读技能和矫正孩子的阅读困难都很重要。

（2）阅读材料的内容必须是孩子感兴趣的、浅显的。孩子必须在阅读中得到乐趣，至少不会认为阅读类似于一种惩罚。

2. 矫正孩子的不良阅读习惯

有时候，我们很难搞清楚究竟是阅读困难导致不良的阅读习惯，还是不良的阅读习惯引起阅读上的障碍。但毋庸置疑，不正确的阅读习惯和阅读姿态绝对是有害的！

△亲子互动

快速扫视练习

准备数张 24 厘米 ×18 厘米的薄硬纸板。在每张硬纸板的一面贴一层白纸，上面用黑笔写上 10 个字左右的一句话。每 5 张为一组，以 1 秒钟一张卡片的速度抽动卡片。卡片的抽动是将孩子已经看过的最前面的一张由上方抽起，放在全组卡片的最后位置。5 秒钟内完成 5 张卡片。抽动卡片的动作一定要利索，不要抖动。一天 3 次。5 秒钟之后，问孩子看到了些什么句子，也可以根据卡片的内容问小问题。

根据进步的情况，可以逐渐缩小卡片、增加句子的长度。这样的练习能够比较有效地提高孩子的阅读速度。

注重书写，克服书写障碍

许多家长认为孩子做作业不认真，也许不是孩子不认真，而是存在书写障碍。

△适宜孩子

有书写困难的孩子。

△学习问题

写作业字迹潦草，难以辨认导致经常被扣卷面分；有时写的字老师不能识别，导致误判。

△经典案例

小松是个很聪明的孩子，还没上学就已经可以绘声绘色地给大家讲故事、表演节目，用词之准确、丰富令大人叹为观止。大家都觉得小松将来一定是学校里的优秀生，父母也对小松的表现很是满意。没想到刚上小学后，小松就遇上大问题，一拿起笔，手就不听使唤，写字明显力不从心。语文课上，小松总是把字写出格子，或者偏旁部首分不清楚；数学课上，他老把数字写反，计算的时候也常看错数字，分不清加减号。

与此相反，课堂上只要不需要写的内容，小松表现十分积极，有什么难题他都能回答。这让老师总觉得小松不认真学习，写字的时候故意捣乱，不好好写，然而无论父母老师怎么规劝，都不能改善书写，花了很多精力在书写上，却收效甚微。

△心理咨询

小松是由于书写困难导致写不好字的。书写困难，指字写不好，难以将字形结构摆稳。做作业时，字迹潦草，难以辨认。

书写困难在学习上的表现为：

1. 手脑不协调，想把一横写得平一点，却偏偏写斜了；想把一竖写得直一点，又偏偏写歪了。有人认为，手腕骨的大小及各部位的间距如何，直接影响一个人的书写功能。

2. 只能一笔一画地写，这一笔一画又写得很僵硬，没有动感，没有韵味。

以上这些书写困难的现象，大都是由书写习惯不良引起的，直接影响学习。如果在中考、高考中，书写不整，可能会被扣除5～10分。相反，如果阅卷老师看见书写漂亮的试卷，会眼前一亮，心情也会格外愉快，特别是作文，印象分很重要。所以，书写工整，对升学考试成绩有直接影响，甚至还会影响到将来职业的选择。

△指导计划

怎样才能让孩子写好字呢？家长可以从以下三方面来做。

1. 帮助有书写困难的孩子建立对书写的信心

父母要向孩子解释书写的重要性。如书写工整会给人耳目一新的感觉，是对读者的尊重，也可以在考试的时候为孩子增加得分的机会。所以书写的时候要注意在两边留有空白，每段开头要留两个字的距离，字与字之间要有适当的间距，也不要随便划掉写好的东西。

2. 父母要帮孩子掌握预备性的书写活动

（1）鼓励孩子通过剪贴、连点等活动，加强手眼协调能力，训练视觉辨别功能。

（2）教孩子绘画平行线、圈、十字、正方形、斜线条等。

（3）让孩子带矫正握笔姿势的笔胶改善执笔的方法。孩子可能会因此带来一定心理压力，父母要做好心理疏导。

（4）用带格子的本或间隔尺帮孩子书写时保持字与字之间的距离。

3. 正式书写的辅导

大多数孩子开始学习写字时都需要指导,父母可以尝试从最基本的开始教孩子写字。

(1)掌握字形。先利用不同大小的方格,帮孩子控制运笔,逐渐缩小字体。开始的时候不要过于担心字的大小和形状。

(2)利用多重感官进行书写。父母做笔顺示范,带着孩子边念边书写;放大字体,制成字卡模型,让孩子用手指临摹;让孩子闭上眼,记忆某个字的笔顺。

(3)书写活动调试。父母可以和老师商量一下,适当地减少孩子抄写的分量;父母平常写字时也使用较大的字体,并保持字间距。

△亲子互动

让孩子临摹谁的字帖

想让孩子写出一手好字吗?临摹是一个行之有效的途径。下面列出的这些字帖,家长可以参考。

毛笔书法:

楷书:

颜真卿《颜勤礼碑》

柳公权《神策军碑》

欧阳询《皇甫军碑》

行书:

王羲之《兰亭序帖》《圣教序帖》

米芾《苕溪诗帖》《蜀素帖》等

隶书:

《曹全碑》

《张迁碑》等

硬笔书法:

楷书:

庞中华、司马彦等人的字帖

行书:

庞中华、黄继成等人的字帖

克服运动障碍,做爱运动、充满活力的孩子

> 学习成绩很好的他,每到周五都闷闷不乐,因为周五有他最讨厌的体育课,因为他动作协调性不好而被大家在体育课上笑,因此有体育课的星期五成了"黑色星期五"。

△适宜孩子

害怕上体育课的孩子。

◇ **学习问题**

由于走、跑时手脚动作不协调而害怕上体育课,恐惧情绪导致其他学科的学习受影响。

◇ **经典案例**

小蓓学习很好,可总害怕上体育课,因为她跳绳时总是抓不住跳跃的机会,被绳子绊住;接球时,总是害怕被球砸到,当有球过来的时候,她就会双眼紧闭,随便伸出手去够球,结果每次都会被球砸中。

正因如此,同学们上体育课时都觉得小蓓是个累赘,不愿跟她分到一组,使她很受打击。老师曾多次鼓励小蓓可以适当参加难度较小的跑步、跳格子等,小蓓却很是反对,不肯留在体育课上。只要有体育课,小蓓就会偷偷地溜走。与体育课上的表现相反,凡是不涉及体育活动的地方,小蓓都是精神百倍、能说会道,深受大家喜爱。老师不理解小蓓的这种情形,父母也很关心小蓓在体育方面的问题,可是也很困惑,不知道哪里出了错。

◇ **心理咨询**

人类的运动,每一个动作均须由大脑在骨骼关节及各肌肉群做出精密的指挥及协调,才可能在力量、速度及平衡上得到控制。有些儿童因为脑部功能发展的不良而导致运动上的障碍。运动障碍的表现有:

(1)手指不灵巧,不能很好地使用剪刀、筷子等。

(2)不能很好地解纽扣、系鞋带。

（3）走、跑时手脚动作不自然，常常表现为同手同脚。

（4）对球类运动、跳绳等全身运动协调困难。

△ 指导计划

如何让孩子克服体育运动中的弱项呢？可以按以下两点来进行：

1. 激发孩子体育运动的积极性

那些在体育运动中经历多次失败的孩子，大多缺乏足够的动机再进行相似的运动尝试，这样一来，本来就缺乏练习的运动技能越来越弱，跳进恶性循环的死胡同。所以父母应该让孩子明白，体育运动是很有趣的，一时失败并不代表其他的体育活动也不擅长。平时可和孩子一起做一些简单的体育活动，让他体味到其中的乐趣。

2. 给孩子一个隐私的体育运动练习空间

很多孩子在体育运动上的问题是因为练习不够而造成的，由于很多体育运动必须在公共场合练，孩子的不足容易直接暴露在同伴面前，引起孩子难堪。所以他们常常只愿意做简单的运动，不敢做看起来能力不及的活动，或者干脆退出体育运动。针对这种状况，父母可让孩子找比较隐秘的地方或在家多练习。

附章一

世界上最伟大的教育法则

法则1 南风效应：宽容比惩罚更有力量

◁适宜家长

喜欢批评孩子的家长。

◁家教问题

孩子考试失败、闯祸，一味批评孩子，使得孩子越来越不听话。

◁法则故事

南风与北风打赌，看谁能够脱去一位农夫的衣服。北风自以为力气大，脱件衣服不是难事，于是北风先来，它使劲向农夫吹刮着寒冷的风，直吹得农夫浑身瑟瑟发抖，但农夫不但不脱衣服，反而裹紧外衣，躲到背风的地方去了。北风只好无功而返。紧接着由南风出马，它轻抚慢拂，给农夫送去温暖的风。农夫本来就在田野里劳动，经南风这么一吹拂，倍感浑身发热，于是就放下手里的活计，到田边脱去衣服，再接着继续劳作。南风终于成功了。

◁法则拾贝

南风效应告诉人们，宽容是一种强于惩戒的力量。教育孩子同样如此，那些一味批评自己孩子的父母，最终会发现孩子越来越听不进他们的话。每个孩子都可能犯错误，父母要容忍孩子的缺点，客观、理智、科学地处理日常生活中出现的各种问题，在体谅孩子的同时，以春风化雨般的关爱和以身作则，让孩子知道应该怎么做，这样才能够更好地教育孩子。

法则 2　鱼缸法则：心灵的成长需要自由

△适宜家长

过分保护孩子的家长。

△家教问题

由于家长对孩子的过分关爱与保护，使得孩子过分依赖别人，不会自己解决问题，怕吃苦。

△法则故事

走进某大公司总部，首先映入眼帘的是办公室门口摆着的一个漂亮的鱼缸。鱼缸里十几条产自热带的杂交鱼开心地嬉戏着，它们长约 10 厘米，脊背一片红色，头尤其大，长得很是漂亮。进进出出的人几乎都会因为这些美丽的鱼而驻足停留。

头大背红的小鱼们一直在鱼缸中快活地生长着，它们过得相当自得其乐，吸引着众人欣赏的目光。但两年过去了，小鱼们的个头似乎没有什么变化，依旧 10 厘米来长，在鱼缸里游刃有余地游来游去。

这一天，董事长的顽皮小子来找父亲，看到这些鱼很是好奇，于是非常兴奋地试图去抓出一只来。慌乱中，鱼缸被他从桌子上推了下来，碎了一地。鱼缸里的水洒了一地，十几条鱼可怜巴巴地趴在地上苟延残喘。

员工们急忙把它们捡起来，但是鱼缸碎了，把它们安置在哪儿呢？四处张望，发现只有院子中的喷水泉可以做它们暂时的容身之所，于是把那十几条鱼放了进去。两个月后，一个新的鱼缸被抬了回来。人们纷纷跑到喷水泉边捞那些漂亮的小鱼。十几条鱼都被捞起来了，但令他们非常惊讶的是，仅仅两个月的时间，那些鱼竟然都长大了不少！

对于鱼的突然长大，人们七嘴八舌，有的说可能是因为喷水泉的水是活水，有利于鱼的生长；有的说喷水泉里可能含有某种矿物质，促进了鱼的生长；也有的说那些鱼可能是吃了什么特殊的食物。但无论如何，有一点是肯定的，那就是喷水泉要比鱼缸大得多！

法则拾贝

对孩子的教育也是一样，孩子的成长需要自由的空间。而父母的保护就像鱼缸一样，孩子在父母的鱼缸中永远难以长成大鱼。要想孩子健康茁壮地成长，一定要给孩子自由活动的空间，而不能让他们拘泥于一个小小的父母提供的"鱼缸"。随着社会的进步、知识的日益增加，父母应该懂得放手，给孩子自由成长的空间。

法则3 狼性法则：生活从好奇开始

△**适宜家长**

不喜欢孩子发问的家长。

△**家教问题**

家长总认为孩子问的问题与学习无关，不耐心解答孩子提出的问题，使得孩子即使有问题也不敢问家长。

△**法则故事**

一位长年在阿拉斯加进行研究工作的人，曾经以自己的亲身经历讲述了一个关于狼族好奇的故事：

有一次，这位研究工作者在寒冷的原野外，奔波于不同的观测站，进行资料搜集工作。当他从雪车上下来，准备开始工作时，一阵强烈的被"跟踪"的感觉突然涌上心头。当他缓缓地转过身之后，恐惧感从脚底直蹿头顶，吓得他浑身发抖，直冒冷汗。

原来，他发现身后的一小片树林中，有五六只野狼正在凝视着他。他依然记得，当银灰色的狼群融入纷飞的白雪之中时，那情景美丽得令人震惊、令人畏惧。它们寸步不移，而他，则动弹不得。最后，当他缓慢地跨上雪车驶离现场，回头张望狼群时，发现它们仍旧站立原处，凝视着他的离去。

过了一段时间，飞驰过好几公里的路途之后，他停在另一个观测站前,开始进行该处的资料搜集工作。就在此时,他又一次感受到同样的感觉,当他转过头往后看时,清楚地看到狼群如同一群灰色的"鬼魂",正以凝望的眼神勾引着他的心神。

当天,同样的情景不断地重复出现,直到他结束工作,返回基地帐篷为止。他说,他已经习惯了这种情形,也能预期狼群可能跟随他的移动。不过,直到后来,他才知道狼群很清楚:野外的世界是它们的世界,而帐篷内的世界则是他的世界。

在那一整天里,狼群的表现充分显露出它们对他以及他的雪车的好奇心。它们并没有进行任何威胁性或攻击性的行为,只有当他滞留某处工作时,它们才会远远地眺望着他,而他从来不知道它们究竟是如何从一处移动到另一处的。

由于好奇,狼群之间经常进行各种嬉戏,这与人类小孩之间的嬉戏并没有什么差别。它们有时扭打;有时是躲藏在树木或岩石后面,设陷阱偷袭彼此;有时是玩"躲猫猫",以各式各样的方法追逐友伴。狼族从这种赢得竞赛的过程中,学习到了"自信",同时,也提高了寻找食物的技能。

△法则拾贝

狼是世界上好奇心最强的动物之一,它们不会将任何事物当成理所当然,而倾向于亲身研究和体验,大自然的神秘、新奇永远令狼惊异。狼总是有着对周围环境的兴趣,因而它们能不断在环境中发现食物、了解危险,从而顽强地生存下来。

要培养孩子超强的学习能力,一定要培养孩子对于世界的好奇心，让他仔细观察生活，用兴趣来作为他学习的老师。这样的孩子才能在未来的人生道路上成为一颗明亮之星，不断对工作有新创见和新灵感。

法则 4　延迟满足：从小培养孩子的耐心

△**适宜家长**

过分娇惯孩子的家长。

△**家教问题**

孩子提出什么要求都立刻满足，使得孩子一旦得不到什么就又哭又闹。

△**法则故事**

美国著名心理学家戈尔曼曾做过一个"延迟满足"的实验。他找了一批 4 岁孩子，给他们每人一块糖，并告诉他们若能等主持人回来再吃这块糖，则还能吃到第二块糖。戈尔曼悄悄观察，发现有的孩子只等了一会儿便不耐烦，迫不及待地把糖塞进了嘴里；而有的孩子则很有耐心，而且很有办法，想出做游戏啦、讲故事之类方式拖延时间，分散注意力，最终坚持到主持人回来，得到了第二块糖。戈尔曼又对这批孩子 14 岁时和进入工作岗位后的表现进行了跟踪调查，发现晚吃糖的孩子数学和语文成绩比早吃糖的平均高出 120 分，而且意志坚强，经得起困难和挫折，更容易取得成功。

△法则拾贝

控制冲动、节制欲望是一个取得成功的重要因素,它比智商更具有预测性,而且可以通过后天学习获得。童年教育是培养节制品格的开始,所以父母在孩子的早期教育中,应将孩子自控力的培养置于重要地位。

法则5 狐狸法则:让孩子独立自主地生活

△适宜家长

溺爱孩子的家长。

△家教问题

由于家长的溺爱,孩子独立生存能力差,离开家长便什么事都处理不了。

△法则故事

在一个严寒的冬天,狐狸富来普和莱拉真诚地相爱了。莱拉生了5只小狐狸,它们在海边的沙丘上建立起了一个愉快、幸福的家庭。为了让孩子们能尽快地成长,富来普和莱拉日夜奔忙着寻找食物。

后来不幸的事接连发生:最小的琪尼塔双目失明;梅雨季节孩子们饥饿的叫声,使富来普和莱拉冒着生命危险去村子里偷鸡,莱拉不幸被夹子夹断了脚，在痛苦的回忆中，莱拉因感染离开了富来普和孩子们。

狐狸妈妈不幸去世后，富来普担负起了抚养孩子的重任。它没有像母鸡孵小鸡那样把孩子们保护在身下，而是让它们出去独立生活。它严厉地教育它们，教给它们捕捉食物的方法、逃避危险的智慧，带着它们去做实习旅行。当小狐狸已经能独自捕食的时候，它们还想娇滴滴地在爸爸身边撒娇，但富来普已经决定把它们赶走。在一个风雪交加的夜晚，富来普把刚学会觅食的小狐狸全部赶到洞外。小狐狸站在风雪中凄厉地哀叫着，一次又一次试图回到洞里，可是每一次都被堵在洞口的富来普咬出去了。那些被富来普咬伤并被赶走的小狐狸眼中充满着忧伤和委屈，然而富来普则是义无反顾的坚决和果断。

虽然琪尼塔的双眼已经瞎了，但是富来普也没有给它特殊的照顾，照样把它赶得远远的。因为富来普知道，没有谁能养它一辈子。小狐狸们从这一天起便长大了，那只瞎眼的小狐狸也终于学会靠嗅觉来觅食。

当狐狸爸爸再一次看到自己孩子的时候，虽然5个孩子中只剩下了两个，但它们已经变得更加健康强壮。

这是日本电影《狐狸的故事》中的场景。

△**法则拾贝**

从狐狸法则可以得出：在自然界，孩子成年后就不能靠父母养活，得自己去生活，这是残酷的生存法则。这个故事能让孩子知道如果他不知道如何生存，那么他将被社会无情地淘汰。

法则 6　自然惩罚法则：让孩子自己承担过错

△**适宜家长**

过多指责孩子的家长。

△**家教问题**

孩子犯了错误，家长总是喜欢责怪或是惩罚孩子，而不是以理服人，使得孩子不知道父母是为他好，不理解父母，甚至讨厌父母。

△**法则故事**

圆圆 14 岁了，已经懂得追求漂亮了，最直接的表现就是她换衣服的频率越来越高，这直接加重了妈妈的负担。于是，妈妈决定找她谈谈。妈妈说："宝贝，妈妈工作很忙，你已经 14 岁了，可以为妈妈分担些家务，做一些自己的事情了。以后你的衣服要自己洗。如果你忘记的话，就只好穿脏衣服了。"圆圆很痛快地点了点头。

一周过去了，妈妈发现洗衣机里塞满了圆圆的脏衣服，她很生气，于是很严厉地批评了圆圆，圆圆答应妈妈下次不会了。

接下来的一周，圆圆还是没有洗，脏衣服更多了，洗衣机里已经放不下了，它们都堆在了圆圆屋里，更严重的是圆圆已经快没有干净衣服可以换了。妈妈决定用"自然惩罚法则"好好教育教育她，但是圆圆有她的应对办法：她从脏衣服堆里捡出稍微干净点的衣服继续穿，就是怎么也不肯自己动手把它们洗干净。

几周下来，妈妈彻底被激怒了。终于有一天，她狠狠地骂了圆圆一顿，把她的几件脏得不得了的衣服扔了，最后把圆圆拉到洗衣机旁，逼着她把衣服洗了。然而接下来的日子，事情并没有多大改观，圆圆照旧还得需要妈妈催促才会去洗衣服。

事实上，圆圆不可能一直穿脏衣服，女孩子一般都是爱打扮、爱干净的，她懂得什么是美观漂亮，什么是邋遢肮脏，她不可能长期穿脏衣服。她的"消极怠工"可能是出于对妈妈干涉的抗议，她只是想让妈妈知道，她并不愿意让别人强迫自己干什么事情。她宁愿自己穿脏衣服，也不愿意受妈妈支配。

妈妈在恼火的时候强迫圆圆洗了衣服，问题并不能解决，也许下次情况还是这样。

对于这件事，如果妈妈真能平心静气地和女儿进行谈话，了解她不洗衣服的原因，可能就会避免一场长时间的斗争，实际成效也会大不一样。

△**法则拾贝**

18世纪法国教育家卢梭认为："儿童所受到的惩罚，只应是他的过失所招来的自然后果。"这就是卢梭的"自然惩罚法则"，是世界教育史上的一个里程碑。"如果孩子打破了他所用的东西，莫要急于添补，让他自己感受到需要它。他打破了自己房间的玻璃窗，让风日夜吹向他，也不怕他因此而伤风，伤风比起漫不经心还要好些。"

当孩子在行为上犯了错误时，父母不应对孩子进行过多的指责，而应该让孩子自己承担错误直接造成的后果，给孩子以心理惩罚，使孩子在承受后果的同时感受心情的不愉快甚至是痛苦，从而让孩子自我反省，自觉弥补过失，纠正错误。

简单地说，自然惩罚法就是让孩子在自作自受中体验到痛苦的责罚，强化痛苦体验，从而吸取教训，改正错误。自然惩罚法则的关键就是让孩子感受到受惩罚是自作自受，是应得的。

"自然惩罚法则"的另一种方法是：给机会去试试，如孩子一定要穿那好看但太简单的衣裙，或适合宴会穿的硬底皮鞋时，就让她穿，结果必然是"太冷了或鞋太滑太硬不能在操场上跑，追不上同学"。总之是让孩子自作自受。

法则7 自由感觉法则：自己品尝生活的滋味

△**适宜家长**

只让孩子学习，不让他接触外面世界的家长。

△**家教问题**

家长认为孩子学习是最重要的，除了学习，孩子做任何事都认为是闲事，会影响学习。不让孩子过多地接触外面的世界，导致孩子孤僻，不爱与人交往。

法则故事

1954年，在加拿大蒙特利海勃（Hebb）实验室，心理学家进行了"感受剥夺"实验。

实验中，被试者按要求戴上了半透明的护目镜，使其难以产生视觉；用空气调节器发出的单调声音限制其听觉；在他们的手臂上戴上纸筒套袖和手套，用夹板固定腿脚，来限制其触觉。

被试者被安排在几个单独的实验室里，几个小时后开始感到恐慌，进而产生幻觉。在实验室连续待了三四天后，他们开始对外界刺激敏感，出现错觉、幻觉；注意力涣散，思维迟钝；产生紧张、焦虑、恐惧等负面情绪，精神上感到难以忍受的痛苦，急切要求停止实验。在实验停止后数日，他们才恢复正常。

法则拾贝

通过上面的实验，心理学家们发现：通过感觉我们才能获得周围环境的信息，并适应环境求得生存。大脑的发育，人的成长、成熟是建立在与外界环境广泛接触的基础上的，丰富多彩的外部环境是智力和情绪等心理因素发展的必要条件。

由于适应环境是以信息平衡为前提的，信息不足或信息超载都会导致身体机能的严重障碍。信息不足的原因之一就是"感觉剥夺"。在"感觉剥夺"的状态下，各种感觉器官接收不到外界的任何刺激信号，经过一段时间后，就会产生实验中的病态心理现象。

世界是广泛联系的，人的成长和成熟必然建立在尽可能多地和外界接触的基础上。在日常生活中，人们漫不经心地接受各种刺激，进而由此形成各种感觉，这是一种本能，也是必不可少的。只有更多地感受外界的接触，并加强和外界的联系，才可能拥有更大的力量，获得更好的发展，人的心理和思想境界才能达到最优。可以说，广泛联系是心理潜能激发的第一步。

广泛联系对孩子尤为重要。很多家长对孩子过于关心，生怕各种意外和疾病，怕孩子吃苦，于是把孩子放在较封闭的环境中，这样反而限制了孩子的成长，引发孩子心理的不健全，使孩子眼界狭小，心胸狭隘。

我们应当让孩子积极感受丰富多彩的外部环境，让孩子去尝试做每件事情，从环境中获得更多的知识和信息。这样，他们的动手能力才会增强，眼界才会开阔，心胸才会更加宽广。

法则8　强化定律：好习惯在于不断强化

适宜家长

不知道如何培养孩子好习惯的家长。

家教问题

家长总想让孩子保持好习惯，矫正不良习惯，可往往事与愿违，好习惯没有养成，坏习惯也没有去掉。如何才能让孩子养成好习惯呢?

△**法则故事**

科学家们曾做过这样一个有趣的实验:

他们特制了一个大水箱,把鲨鱼和它的食物都放了进去,很快,小鱼们被吃得精光,偌大的水槽里只剩下鲨鱼在满足地游来游去。

接下来,科学家们把一块特殊材料做成的玻璃板放进了水槽,鲨鱼和小鱼被分别放在了玻璃板的两边。看到食物就在眼前,鲨鱼凶狠地朝小鱼们游去,对它们来说,视觉上是区分不开有没有玻璃板的,于是,鲨鱼结结实实地撞到了板上。莫名其妙的鲨鱼继续朝食物游去,每次都撞得昏天黑地,直到它终于懂得眼前这些小鱼是吃不到的。

所以,鲨鱼放弃了继续进攻自己的猎物,它的猎食行为因为没有得到强化而消失。

实验还在继续,科学家们拿走了横在鲨鱼和小鱼之间的玻璃板。小鱼们看到鲨鱼就在眼前,纷纷乱逃,鲨鱼们却视眼前的食物如无物,再也没动过心思。多次的碰壁使鲨鱼认为:这些小鱼是吃不到的。最后,强大的鲨鱼居然饿死在水槽里,鲨鱼的猎食本能因为没有得到强化而消失了。

△**法则拾贝**

上文这个实验证明了人或动物的本能如果没有得到强化,最后也会消失。强化定律不仅仅是孩子和动物学习新行为的一种心理机制，也是成人通过肯定或否定的反馈信息来修正自己的行为的手段。

对于成长期的孩子来说，日常生活中的好习惯和坏习惯都同时存在。如果适当运用强化定律来帮助孩子养成好习惯，去除不好的习惯，家长会很容易达到目的。比如，父母如果在处理孩子的事情上奖惩分明，关注孩子正确的行为，使之强化，批评孩子的坏习惯，使之消失，那孩子好习惯的培养一定会变得更为容易。

法则9　真爱法则：教育的真谛是爱

△适宜家长

不懂得如何爱孩子的家长。

△家教问题

对孩子冷漠粗暴，或孩子要什么就给他买什么，以为爱孩子就是满足孩子的所有要求。

△法则故事

布赖恩有一个嗜酒如命的单身母亲，在他很小的时候，就习惯自己准备好书包上学了。每次放学回到家里，他都发现自己的妈妈又喝醉了。在这种环境下成长的小布赖恩整日神情忧郁，落落寡合，明显缺少其他小朋友那种活泼向上的朝气。在上小学一年级的时候，布赖恩被诊断出患有注意力不集中和中度语言障碍。

那么，在缺少家庭温暖的情况下，是什么驱使他去上学呢？布赖恩说："好像每年都会有至少一个老师夸我的作业。因为他们，我才坚持着做我的作业。在结束小学课程后，我上了一所中学，但我几乎已经失去了继续学习的动力，就在这时，我的中学校长知道了我的情况，他照顾我、关心我。每次逃学，他总会把我叫到办公室去谈话，好像是老爸一样。因为他，我才顺利从中学毕业并考上了一所规模大一点的高中。"

布赖恩进入高中后，再也没有人像以前的校长那样关心他、爱护他了。布赖恩又回到了先前没有人管教的生活，他开始不断地逃课，不久，他被学校处以留校察看的处分。

布赖恩的高中生涯大部分时间是和一群比他年龄大一点儿的小混混们度过的。后来，布赖恩参与了一起群殴事件，其中一个少年被打成重伤。此后，布赖恩被带进了少年犯管教所，那年他刚满14岁。

在管教所，布赖恩遇到了一个慈爱的老师。在这位管教老师的关怀和教育下，布赖恩重新点燃了对学习的兴趣。在获释之后，布赖恩被保送到一所中等学校完成了高中学业，后来他又顺利考上了一所文科艺术学院并获得了全额奖学金，读书期间因参加大学生艺术创作大赛荣获一等奖而闻名全国。毕业后，布赖恩设计的一件艺术品被知名博物馆永久收藏。

美国"儿童问题"专家、教育家威廉·哥德法勃对布赖恩的成才归功于"真爱法则"。

△**法则拾贝**

爱,并不是孩子要什么就给他什么,也不是给他多少钱满足他的物质需要,而是给孩子一种精神上的温暖和鼓励,让他明白父母的苦心和期望,从而改变自己的不良行为状态。

爱,是一个孩子向前的全部力量,教育的秘诀就是爱,教育的捷径就是爱之路。很多家长、老师对调皮捣蛋的孩子进行教育后看到没有任何效果,就认为这些孩子无药可救了,于是也就失去了耐心,放任自流,结果只能使孩子流浪在犯罪的边缘。

作为家长和老师,要从内心接受孩子调皮捣蛋的行为,倾注全部的爱去浇灌他们幼小的心灵,给他们以无微不至的细心呵护,并时时警惕他们在道德品行上可能出现的偏差,就能将"问题孩子"教育成"闻名孩子"。威廉·哥德法勃认为:"教育孩子最重要的,是要把孩子当成人格平等的人,给他们以无限的关爱。"

附章二

提高孩子学习能力的八项拓展训练

拓展训练1：沙漠奇案

本训练由一位同伴交代案情：一个男人，在沙漠当中一丝不挂地躺着，死了，周围没有痕迹。

你和其他同伴通过问封闭性问题的方式去判断案情的起因。这位同伴负责回答大家的问题，但只能回答"是"或"不是"，大家根据正确的线索把故事复原完整。

能力导航：这个游戏训练的是想象力。只要能将案情自圆其说，就算符合要求了。

示例：一对夫妇乘坐热气球在一望无际的沙漠当中探险，不幸在途中热气球燃料不足，需要减轻热气球的重量。夫妇想尽办法，将一切可以扔的东西全部扔掉，甚至包括衣服，但是这仍不能根本解决问题。最后，丈夫为了心爱的妻子能够逃出，舍弃了自己的生命，跳下热气球而身亡。

拓展训练2：快速阅读

快速阅读是从文字读物中迅速提取有用信息的高效读书方

法，它能充分开发阅读者扩大视觉感知能力和左右脑协调快速处理视觉信息的巨大潜能。

请在一分钟内阅读以下两则短文，完成后面的问题：

1. 鱼行水中，畅通无碍，佛教以其喻示超越世间、自由豁达得解脱的修行者。藏传佛教中，常以雌雄一对金鱼象征解脱的境地，又象征着复苏、永生、再生等意。金鱼还有慧眼之意，因为鱼眼可透视混浊的泥水。

而金鱼源于晋、盛于宋。佛经宣扬"人死精神不灭"，因果报应，不杀生，不偷盗，不淫邪，不妄言，不饮酒，慈悲为本，行善修道等教义。受"不杀生"的影响，民间偶然捕获奇异鱼类，便去放生，久而久之，一些佛寺放生池便聚集了大量的金鱼，比如西林寺、月波楼、六和塔等。

2.1966年4月，美国《星晚报》刊登了一篇评论约翰逊竞选总统失败的社论：约翰逊承认失败。有趣的是，整篇社论只有一句话："好极了！"

美国打字机制造公司的广告词是"不打不相识"，简明扼要，恰到好处，很能吸引客户。

问题：

藏传佛教中，雌雄一对金鱼有何象征意义？

金鱼源于何时，盛于何时？

在哪一年，美国哪家报纸刊登了一篇评论约翰逊竞选总统失败的社论，社论的标题是什么？

文中出现的广告词是什么?

能力导航:快速阅读研究的突破源于美国军方训练飞行员的试验结果,可以说,快速阅读训练是传统阅读的一种补充、一种飞跃、一种革命。

拓展训练 3:口诀记忆

口诀简洁明快,顺口押韵,可将零碎的内容有条理地归纳起来,消除机械记忆的苦涩与艰辛,形象生动,便于记忆。

周恩来曾编了记忆全国省份的四句口诀,使文化水平不高的警卫战士也能很快记住:两湖两广两河山,三江云贵吉福安,双宁四台天北上,新西黑蒙陕青甘(注:当时还未划分出海南省和重庆市)。

第一句说的是湖南、湖北、广东、广西、河南、河北、山东、山西;第二句指的是江苏、浙江、江西、云南、贵州、吉林、福建、安徽;第三句讲的是辽宁、宁夏、四川、台湾、天津、北京、上海;第四句讲的是新疆、西藏、黑龙江、内蒙古、陕西、青海、甘肃。

请找出一些公式、常识、英语单词,如五代十国、常见元素的化合价等,训练一下口诀记忆。

能力导航:

1. "五代十国"名称

五代——后梁、后唐、后晋、后汉、后周,可记为:梁唐晋汉周,前边都有后。

十国——吴、南唐、吴越、楚、闽、南汉、荆南(又称南平)、前蜀、后蜀、北汉。

可记为:前后蜀,南北汉,南唐、南平曾为伴,吴越、吴、闽、楚十国,割据混战中原乱。

2. 常见元素的化合价

一价氢钠钾银,二价氧镁钙钡锌,铜汞一二,铁二三,碳锡铝在二四寻,硫为负二和四六,负三至五氮磷,卤素负一三五七,三价记住硼铅金。

3. 惰性气体通电发光颜色

氩紫蓝,氦粉红;氖红光,穿雾行;小太阳,是氙灯。

4. 道家、儒家、法家、墨家的代表人物及其主张

孔孟儒,行"仁政";道"无为",老庄兴;子墨子,讲"非攻";韩非子,"法治"行。

拓展训练4:我家在哪里

地图是训练青少年观察力的绝好工具。将地图平展开来,孩子的探索之旅就可以开始了。地图的挑选可以按照本市地图、全

国地图、世界地图依次升级；观察的目标也可以从最熟悉的自己家所处的位置开始，慢慢扩展到学校、同学家、动物园，等等。这种训练对锻炼观察力的持久度很有帮助。

能力导航：观察力是思维的起点，是聪明大脑的"眼睛"，所以有人说："思维是核心，观察是入门。"

观察力是形成智力的重要因素之一，影响着成长和学习的效果。孩子在成长的过程中，由于对世界产生好奇，于是主动地去看、去听、去触摸，而在这些被观察的人与事物中，一定有某些是令我们感兴趣的，于是形成一种循环的过程——由观察产生兴趣，从兴趣中又开始思索，再从思索中学习，在学习中掌握知识，用知识重新审视这个事物。

拓展训练 5：图画联想

1. 和孩子家人一起准备多幅图片，人物画或风景画都可，数量至少能满足每人一张。

2. 将参与者分成几个小组，一个小组至少 3 人。

3. 将所有图片汇集在一起，随意排列，由各小组随机抽取，小组有几人就抽取几幅。

4. 给 5 分钟时间，各小组成员对自己抽到的图画进行排列和讨论。

5. 分组进行讲述，每组采取轮流接力的方式，每个组员就自己手里拿到的图画内容进行讲述，每一组必须描述成连贯的故事。

故事情节完整、内容充实、编排合理的小组为获胜队。

能力导航：联想是构成创造能力的重要一环。这一游戏也有助于通过联想来训练孩子的创新能力。

拓展训练6：集中注意力

上课或自学时，孩子是否常因为走神而烦恼？下面的两个小训练能帮孩子集中注意力：

1. 让孩子盯着一张画，然后闭上眼睛，回忆画面的内容，尽量做到完整，例如画中的人物、衣着、桌椅及各种摆设。回忆后睁开眼睛再看一下原画，如不完整，再重新回忆一遍。这个训练既可训练注意力集中，也可以提高注意更广范围的能力。

在地图上寻找一个不太熟悉的城镇，也能提高观察时集中注意力的能力。

2. 为孩子准备一张白纸，让他用7分钟时间，写完1~300这一系列数字。测验前让孩子先练习一下，感到书写流利、很有把握后就开始。注意掌握时间，越接近结束速度就会越慢，稍放慢就会写不完。一般写到199时每个数字用时不到一秒钟，后面的3位数字书写每个要超过一秒钟，另外换行书写也需要时间。要求在 420 秒钟内准确写完 300 个数字。

能力导航：注意力是否集中，是制约孩子的学习效率的关键所在。

拓展训练 7：你来比画我来猜

邀请孩子的同学与孩子一起做这个训练。任意两个人面对面，在其中一个人的后面放一块牌子，上面写着词组，要求另外一个人来比画，第一个人来猜，比画的时候不能说出词语中的任何一个字，否则算违规；猜不出的时候马上说"过"，节约时间；必须在一分钟内猜对 4 个才算过关。

示例词组：

篮球、羽毛球（体育用品）

光盘、鼠标（科技产品）

电视、空调（家用电器）

老师、记者（职业）

圆规、钢笔（文具）

发怒、苦笑、皮笑肉不笑（各类表情）

心花怒放、战战兢兢（成语）

老鼠、犀牛（动物）

桃、香蕉（水果）

能力导航：此游戏可以训练孩子与同学之间的合作技巧、表达能力。

拓展训练 8：我的行动计划

你的孩子有拖拉、懒惰的毛病吗？他是否有许多想做的事却并未做好？如果有的话，就让他尝试这个训练吧！

1. 让孩子思考并记下当天、本周几项最重要的事情，这是他自己所定的重要目标。

2. 制定重要目标行动表。

3. 每天按行动表对自己的生活、学习做出评估。

对完成的事情在行动表上做一个自己喜欢的记号（如涂成彩色），奖赏一下自己。

对未完成的事情不要灰心，看看是什么原因，争取完成。

能力导航：行动计划要切实可行，一个规划完成后，应根据执行情况再按上述办法制定新的生活规划。这个训练可以有效地让孩子远离惰性，几轮训练之后，他再也不会拖作业了，行动力加强，会在第一时间完成自己要做的事。